बुलबुले तसव्वुर के

ग़ज़लें और नज़्में

शुभ चिंतन

INDIA • SINGAPORE • MALAYSIA

Notion Press Media Pvt Ltd

No. 50, Chettiyar Agaram Main Road,
Vanagaram, Chennai, Tamil Nadu – 600 095

First Published by Notion Press 2021

ISBN 978-1-68509-773-8

कविताओं का यह संकलन मेरी माँ
श्रीमती शशि बाला को समर्पित है,
जो एक नि:शब्द कवयित्री हैं।

अनुक्रमणिका

प्रस्तावना

ग़ज़ल, नज़्म या कविता नाम कुछ भी हो, स्वरूप या कलेवर कुछ भी हो, सभी उस रथ के समान हैं जिस पर सवार होकर कल्पना मन से या मस्तिष्क से निकल काग़ज़ पर उतरती है, अधरों पर उतरती है।

इस रथ का सारथी है ग़ज़लकार या कवि। ये रथ प्रेम की राजधानी में भी जा सकता है और युद्ध के मैदान में भी। कल्पना एक मन से निकलकर किसी और मन में उतर सकती है। कवि पार्थ भी हो सकता है और पार्थसारथी भी। एक ही व्यक्तित्व में अर्जुन और कृष्ण दोनों हो सकते हैं और कविता या ग़ज़ल आकाशवाणी बन सकती है।

जब से मानव का अस्तित्व है, कविता किसी ना किसी रूप में विद्‍यमान रही है। जब काग़ज़ नहीं था तब शब्द अधरों पर सजते थे। काव्य गीता के उपदेशों में, वेदों में, उपनिषदों में, इतिहास को समेटे हुए सैकड़ों दस्तावेज़ों में, फ़क़ीरों के बोलों में, बादशाहों के अंदाज़ों में, यहाँ तक कि आधुनिक दौर में नेताओं के भाषणों में भी कहीं कहीं झलक जाता है। राहें बदल जाती हैं, मंज़िलें बदल जाती हैं, मुसाफ़िर बदल जाते हैं पर सफ़र जारी रहता है। शायर बदल जाते हैं, ज़बान बदल जाती है, मतले, मकते, क़ाफ़िये, रदीफ बदल जाते हैं, मजहबी कलेवर बदल जाते हैं पर ग़ज़ल क़ायम रहती है। इतिहास की शुरुआत से आज तक मुसलसल जारी

है। बुलबुले उठते हैं, फूट जाते हैं पर समुन्दर क़ायम रहता है क्योंकि मानव मन की कल्पना यानी तसव्वुर हमेशा जीवित रहता है। ग़ज़ल या नज़्म इसी तसव्वुर की ही तो उपज है। ग़ज़ल या नज़्म का भी अपना एक समुन्दर है, या यूँ कहें की तसव्वुर एक समुन्दर है जिसमें बुलबुले उठते रहते हैं और ग़ज़लें बनती रहती हैं।

जब भी कश्ती उतारता हूँ, मैं समुन्दर में
मौजें ज़िद करती हैं कोई नज़्म सुनाने के लिए

***

मिट गयीं राहें, मंज़िलें, मुसाफ़िर मिट गए, क़ायम है ग़ज़ल
सफ़ीने सैकड़ों, मौज़ों की ख़ातिर मिट गए, क़ायम है ग़ज़ल

यहाँ मेरे लिए ये बताना बहुत आवश्यक है कि कविता लिखने की उमंग, या कहें प्रवृत्ति, मुझे अपने पिता, स्वर्गीय श्री ज्ञानेंद्र अग्रवाल से प्राप्त हुई है। वह स्वयं एक बहुत समर्पित और उत्कृष्ट कवि थे और अपने समय के सभी शीर्ष कवियों द्वारा जाने जाते थे। यह पौधा उसी वट वृक्ष को समर्पित है।

मेरी बहन, डा. रचना अग्रवाल जैन भी मुझे इस दिशा में प्रेरित एवं मार्गदर्शित करती रही हैं। इस संकलन के मुखपृष्ठ की संकल्पना, आरुषि गुप्ता, जो दिल्ली विश्वविद्यालय की एक मेधावी छात्रा हैं, के द्वारा की गई है।

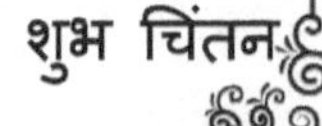

शुभ चिंतन

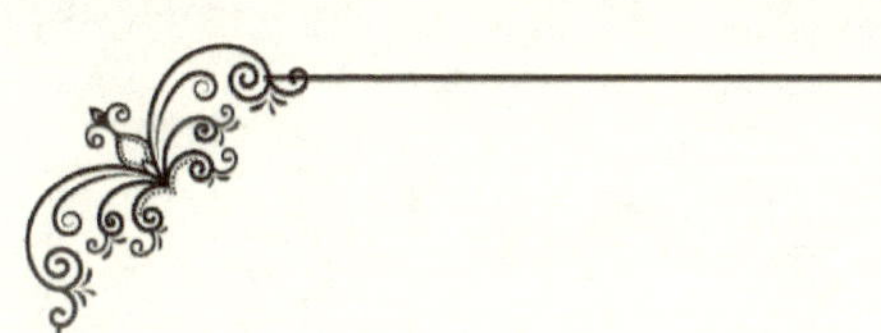

रह कर ख़ामोश भी कहने की अदा आती है
उनके होंठों से नहीं आँखों से सदा आती है

1. हिंदुस्तान

ज़मीं को चूमने मेरी, उतर आसमान आया था
कभी पूरब से, पश्चिम माँगने एहसान आया था

किसी दिन क़ाफ़िला पहला, सितारों की मदद लेकर,
समुन्दर पार करके सात, हिंदुस्तान आया था

इरादे हम नए सौदागरों के बूझ ना पाए,
समझ बैठे थे की घर में कोई मेहमान आया था

जिन्हें हम मान कर कश्ती का सच्चा दोस्त बैठे थे,
उन्हीं मौजों की शक्लों में बड़ा तूफ़ान आया था

मेरे इस देश की धरती पर तो अवतार धारण कर,
उतर कर आसमाँ से खुद चला भगवान आया था

2. कभी इन्सान के चेहरे में सिर्फ़ इन्सान आएगा

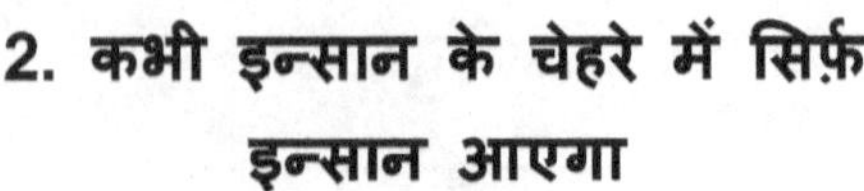

बहर के बीच जाकर ही सफ़ीने इम्तिहाँ देना
तलैय्यों में थोड़े ही आब में तूफ़ान आएगा

समुन्दर पार करने होंगे तुम को सात कम से कम,
तभी नज़रों की हद में तेरी, हिंदुस्तान आएगा

तुम बंदोबस्त अपने पास रखना पत्थरों का कर
तुम्हारा अहम बन कई मर्तबा शैतान आएगा

सिर्फ़ चोला बदलकर खुद को गौतम बुद्ध मत समझो
दरख़्तों के तले तुम को ना कोई ज्ञान आएगा

अंगीठी ख़्वाहिशों की साजना सुलगाए तुम रखना
तुम्हें खुश देखकर ही मुझको भी अरमान आएगा

अदम के रास्ते में पीछे पीछे झांकते क्या हो
यहाँ थोड़ी ही बंध के आपका सामान आएगा

क़यामत का ही दिन शायद वो पहला, आख़िरी होगा
जब इन्सान के चेहरे में सिर्फ़ इन्सान आएगा

3. अस्पतालों में तो बस जिस्म रफ़ू होता है

एक होता है ख़त्म, दूजा शुरू होता है
रास्तों की भी तो फ़ितरत में जुनूँ होता है

बोलते ही नहीं देखे कभी मुर्दे हमने
कैसे मालूम पड़े, मरने में सुकूँ होता है

रूह घायल हुई तो जाएँ कहाँ ले के उसे
अस्पतालों में तो बस जिस्म रफ़ू होता है

एक पहचान बताता हूँ बादशाहों की
बस नसों में नहीं, दामन में भी खूँ होता है

एक पापी को ख़ुदा खुद ये बताता है कल
सजदा करने से पहले तो वज़ू होता है

अब कहाँ पर मैं कन्हैया की पालकी रखूँ
सारे आलों में तो पहले से ही तू होता है

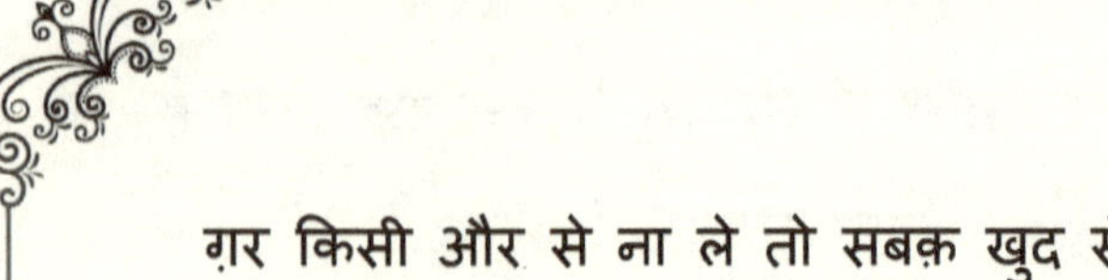

ग़र किसी और से ना ले तो सबक़ खुद से ले
हर किसी शख़्स के भीतर भी गुरु होता है

कई घंटे तक वो सुनते रहे फ़रियाद मेरी
तब कहीं उनकी जुबाँ से एक 'हूँ' होता है

वज़ू = नमाज़ पढ़ने से पहले शुद्धि हेतु हाथ-पाँव धोना।

4. तुमको पाया है मैंने पहली कमाई की तरह

थामे रखना हमें कंगन सा कलाई की तरह
तुमको पाया है मैंने पहली कमाई की तरह

चल मुलाक़ातों को सूरत एक अनोखी दे दें
हर मुलाक़ात लगे अपनी सगाई की तरह

दर्द जब भी मुझे हैरान परेशान करें
आप आ जाना मेरे पास दवाई की तरह

मेरी इस चोट को राहत तभी हासिल होगी
तुम चले आओगे सूजन पे सिकाई की तरह

जब भी जाते हो मुझे मिल, तुम मकाँ पे अपने
रुख़सती लगती है दुल्हन की विदाई की तरह

तिश्नगी को मेरी तेरे ख़्याल लगते हैं
ठंडे पानी से भरी एक सुराही की तरह

एक मुसाफिर हूँ, मुकाँ मुझको ग़र मिले मेरा
तेरे चेहरे पे ख़ुशी आए बधाई की तरह

5. तुझे 'ज़िन्दगी' प्रियतमा कर रहा हूँ

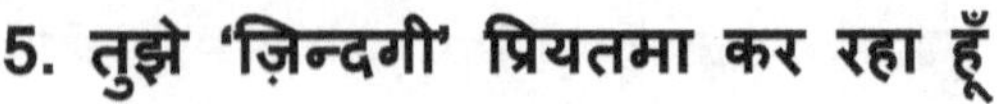

लगाकर वफ़ाओं को ही दाव पर मैं
मोहब्बत तुझे एक जुआ कर रहा हूँ

कुछ मजबूरियाँ, बेवफ़ा तेरी होंगीं
मैं तेरे लिए भी दुआ कर रहा हूँ

मैं बदले की हर आरज़ू को फ़ना कर
सभी दुश्मनों को क्षमा कर रहा हूँ

मैं परवाना होकर जलूँगा दोबारा
हसरत को फिर से शमा कर रहा हूँ

मोहब्बत की पींगें बढ़ानी हैं तुम से
तुझे 'ज़िन्दगी' प्रियतमा कर रहा हूँ

तेरे पेश-ए-ख़िदमत ग़ज़ल का ये तोहफ़ा
मैं मेहनत से अपनी, कमा, कर रहा हूँ

अगर जलते हैं तो जलें दुनिया वाले
मैं क्यों छीनूँ उनसे हसद के निवाले

मैं क्यों खामखा देख उनकी जलन को
खुद को ही धुआँ धुआँ कर रहा हूँ

6. इन चिराग़ों में आफ़ताब छुपे बैठे हैं

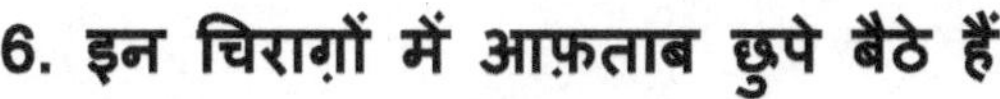

नन्ही अंखियों में बड़े ख़्वाब छुपे बैठे हैं
इन चिराग़ों में आफ़ताब छुपे बैठे हैं

किसको दौलत का झुनझुना ये दिखाते हो तुम
यहाँ फ़क़ीरों में भी नवाब छुपे बैठे हैं

कैसे हालात-ए-हाज़िरा ये बदल सकते हैं
रोष ज़ाहिर हैं, इंक़लाब छुपे बैठे हैं

जम्हूरियत, खून खौलने का इंतज़ार ना कर
यहाँ तो आग के संग आब छुपे बैठे हैं

शक के घेरे में है ख़ारों की पासबानी अब
डर के भँवरों से जो गुलाब छुपे बैठे हैं

इंतिहा हम पर सितम की अब और क्या होगी
आज वो होकर बेहिजाब, छुपे बैठे हैं

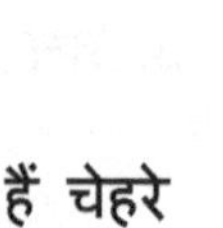

ये तो मेहनत के पसीनों से ज़र्द हैं चेहरे
फ़ज्र में देखना, सुरखाब छुपे बैठे हैं

हूँ पसोपेश में कि मंज़िल है या सराब है ये
इसलिए होकर हम कामयाब छुपे बैठे हैं

फ़ज्र = सुबह की ख़ूबसूरती
खारे = काँटे
सराब = मरीचिका

7. मेरी ख्वाहिश है की ये पेड़ हरा हो जाए

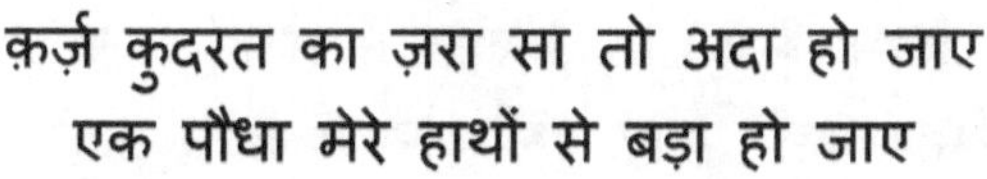

क़र्ज़ कुदरत का ज़रा सा तो अदा हो जाए
एक पौधा मेरे हाथों से बड़ा हो जाए

मेरी मिन्नत का सबब, मेघ, मेरी प्यास नहीं
मेरी ख्वाहिश है की ये पेड़ हरा हो जाए

एक दिन डालियाँ बन जाओ, तना छोड़ भी दो
तुम घने पेड़ हो, ख़म जाओ, अना छोड़ भी दो

एक सदा पर अगर मुड़ कर नहीं देखा उसने
तो तनिक ज़ोर से एक और सदा हो जाए

दोनों मिसरों में राब्ता नज़र नहीं आता
उनको फिर शे'र-ए-ग़ज़ल कहना नहीं पोसाता

हमसफ़र रह कर भी जब मुत्तसिल नहीं हैं कदम
फिर तो बेहतर होगा कि राह जुदा हो जाए

अना = अहम
खमना = झुकना
मुत्तसिल = सटा हुआ

8. होश में है तू मगर भ्रम में नज़र आता है

किसी मैयत के आलम में नज़र आता है
सिर्फ़ कातिल ही वहाँ ग़म में नज़र आता है

एक नशेबाज कह गया मुझे, सरगोशी कर
होश में है तू मगर भ्रम में नज़र आता है

शुष्क मौसम है, तू काग़ज़ पे सावन ना बना
वो तो बारिश की छम छम में नज़र आता है

मैं हरी घास पे तन्हा भी टहलता हूँ सुबह
साथ तेरा मुझे शबनम में नज़र आता है

मेरी नज़रों की ख़ता है या मेरे मन का वहम
अजनबी शख़्स सा हमदम में नज़र आता है

आईना धुंधला हुआ, हो गई जो दौलत ज़्यादा
अक्स दुनिया का सही, कम में नज़र आता है

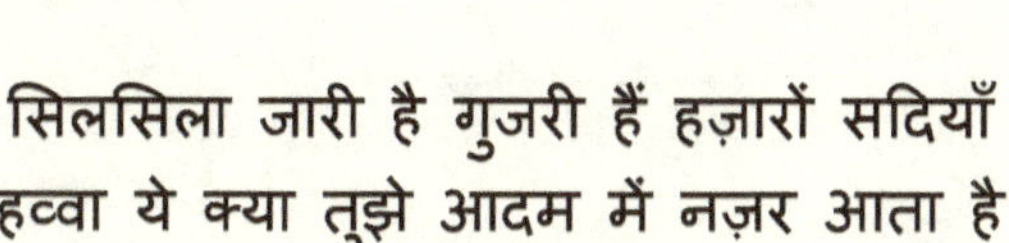

सिलसिला जारी है गुजरी हैं हज़ारों सदियाँ
हव्वा ये क्या तुझे आदम में नज़र आता है

इश्क़ जज़्बात ही ऐसा है फ़ितरतन कब से
गर्म एहसास सर्द मौसम में नज़र आता है

9. तू गुजर आया है अपने दौर से

आईने में देख खुद को गौर से
तू गुजर आया है अपने दौर से

गुफ़्तगू कुछ कर ले अपने आप से
छोड़ बस होना मुख़ातिब 'और' से

कश्ती सहकर हर थपेड़ा आ गई
लौट कर साहिल से अब टकरा गयी

डगमगाती ही रही है उम्र भर
बाँध दे अब इसको इसके ठौर से

रास्ता बंद मोड़ पर आ रुक गया
तुम नहीं तो वो ही थक कर चुक गया

आख़िरी लम्हों में बेतरतीब था
ज़िन्दगी भर जो रहा है तौर से

तख़्त नीचे से खिसकने का समय
खूँटियों पे आया टंगने का समय

धूल चरणों की, बयाँ कर गई ये सच
तान कर सीना किसी सिरमौर से

10. हों जिसमें शेर गूँगे, मुझको वो सहरा नहीं होना

हों जिसमें शेर गूँगे, मुझको वो सहरा नहीं होना
ख़ुदा से गोश लेकर, दो, मुझे बहरा नहीं होना

अब और मे'यार के हाथों, मैं मैला हो नहीं सकता
परखना है अगर मुझको तो फिर तेरा नहीं होना

धड़कता हो तेरे भीतर, बना लो दिल मुझे अपना
नुमाइश में मुझे तेरा महज़ चेहरा नहीं होना

मैं हूँ एक बागबाँ, करना शगुफ़्ता काम है मेरा
हिफ़ाज़त वास्ते गुल की बस एक पहरा नहीं होना

खुदाया मैं कभी भी एक समुन्दर हो नहीं सकता
मुझे बहना निरंतर है, मुझे ठहरा नहीं होना

उतर कर तो कभी गहराई में आता नहीं कोई
मुझे पायाब रहने दो, मुझे गहरा नहीं होना

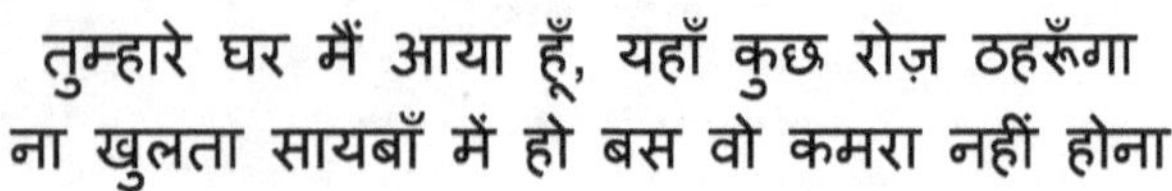

तुम्हारे घर मैं आया हूँ, यहाँ कुछ रोज़ ठहरूँगा
ना खुलता सायबाँ में हो बस वो कमरा नहीं होना

मे' यार = कसौटी
पायाब = उथला
सहरा =जंगल
सायबाँ=कमरे के बाहर खुली जगह

11. तू मुझे फाड़ के छप्पर में, नज़र आता है

जब कभी सफ़र में राहों से बात होती है
तू मुझे मील के पत्थर में नज़र आता है

जब ख़ुदा होता है मेहरबान मेरी क़िस्मत पे
तू मुझे फाड़ के छप्पर में, नज़र आता है

थोक में मिलते हैं बेईमान अब बाज़ारों में
शख़्स तुम जैसा तो फुटकर में नज़र आता है

अपने हाथों से पकड़ लेते हैं हम वो लम्हा
तू हमें जब किसी अवसर में नज़र आता है

ये नदी पहुँचेगी केवल उसी मुहाने पर
तेरा चेहरा जिस समुन्दर में नज़र आता है

हम को वरदान सा मिलता है प्रभु के हाथों
शाम को पहुँचे और तू घर में नज़र आता है

जब भी काग़ज़ पे उतरती है नज़्म मेरी कोई
तू मुझे उसके हर अक्षर में नज़र आता है

तू मुझे हौसला देता है उड़ानों के लिए
मुझको आकाश मेरे पर में नज़र आता है

12. जिस से जलता था जहाँ, आज वो जल जाता है

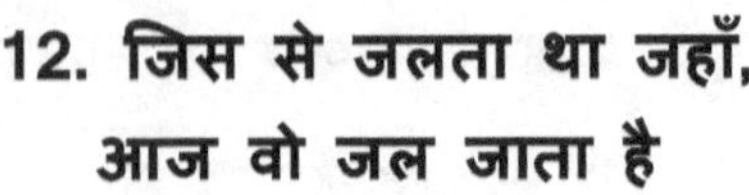

आज श्मसान में मंजर ही बदल जाता है
जिस से जलता था जहाँ, आज वो जल जाता है

कश्ती के रोने पर तूफ़ान पिघल जाता है
दाम अश्कों का बाज़ारों में उछल जाता है

कुछ सितारे उसे आगाह जो कर देते हैं
गिरते गिरते मेरे पर चाँद संभल जाता है

एक ज़मीन अपने पर शबनम गिराए बैठी थी
आज उस पर पूरा आसमान फिसल जाता है

मेरे दिलबर मुझको दलदल ना समझ लेना तुम
जो भी आता है यहाँ, खिल के कमल जाता है

मुझसे कहती है कलम, हार कब पहनाऊँ तुम्हें
शे'र मुझसे निकल माला सी में ढल जाता है

मैं तुझे आग का दर्जा तो उसी दिन दूँगा
तेरी गर्मी से अगर खून उबल जाता है

मैं तो साधु हूँ, तपस्या में लीन रहता हूँ
उर्वशी फिर भी क्यों जादू तेरा चल जाता है

वक्त से तू चन्द घंटों की उगाही करके
क्यों मेरे साथ बिता चार छह पल जाता है

13. क्या भँवरा अभी तक कुंवारा है कोई

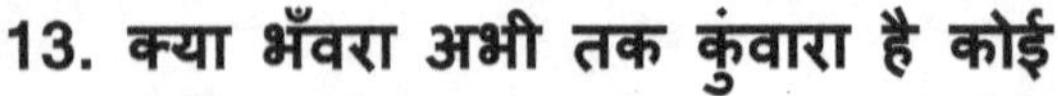

तेरे महजबीं पे चमक सा रहा है
वो बिंदिया है या फिर सितारा है कोई

ये आँखों में जो झील सी दिख रही है
क्या मौजूद उसमें शिकारा है कोई

ये जो पंख मेरे फड़कने लगे हैं
फलक से मुझे क्या पुकारा है कोई

गुलाबों की बस्ती में पूछो तो जाकर
क्या उनमें से एक गुल हमारा है कोई

चलो आज हम चंद्रयानों से पूछें
कभी चाँद पर दिल उतारा है कोई

चमन ने किसी को कहा है, पता कर
क्या भँवरा अभी तक कुंवारा है कोई

जहां बैठ कर गुफ़्तगू हम करेंगे
तेरे सायबाँ में फ़व्वारा है कोई

ये क्यों आसमाँ पूछता है ज़मीं से
तेरे पास भी क्या सहारा है कोई

ये दरवाज़े पर है हवाओं की दस्तक
या इस सूने घर में पधारा है कोई

बच्चे गए पूछने दादी माँ से
कहानी का तुम पर पिटारा है कोई

14. सफ़ीना ही उनको पिया लग रहा है

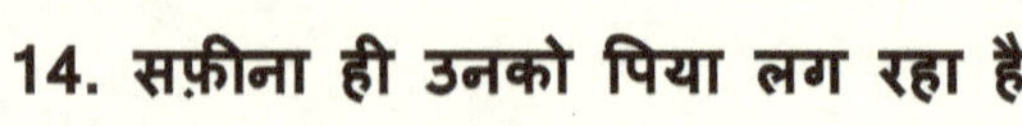

पसोपेश में कारवाँ लग रहा है
उसे रास्ता कुछ नया लग रहा है

नहीं है शजर पे कुल्हाड़ी का और
ना ही रहजनी का निशाँ लग रहा है

सितारों ने मिलकर जो चेहरा बनाया
मुझे वो मेरा साहिबाँ लग रहा है

ज़मीं को मिली है नई कामयाबी
टपक आसमाँ से गुमाँ लग रहा है

ये नफ़रत के बादल क्या छँटने लगे हैं
जो श्मसान में कम धुआँ लग रहा है

जो था बंद कमरा, गिरा कर दीवारें
नज़र को मेरी सायबाँ लग रहा है

फ़क़ीर मस्त अंगड़ाई ले एक बोला
बड़ा चैन सब कुछ गवाँ लग रहा है

जो लादे हुए बोझ था खामखा के
उतर गए तो पत्थर हवा लग रहा है

क़तारों बना कर खड़ी हैं जो लहरें
सफ़ीना ही उनको पिया लग रहा है

नहीं प्यास उनकी बुझी है मुकम्मल
तू जल्दी में क्यों नाख़ुदा लग रहा है

अभी तो गया था जिसे देखकर मैं
वो फूल और ज़्यादा खिला लग रहा है

मुझे अपने मन में ये पक्का यक़ीं है
उसे कोई भँवरा छुआ लग रहा है

15. कलम को थाम कर ही मैं तो दरिया पार कर बैठा

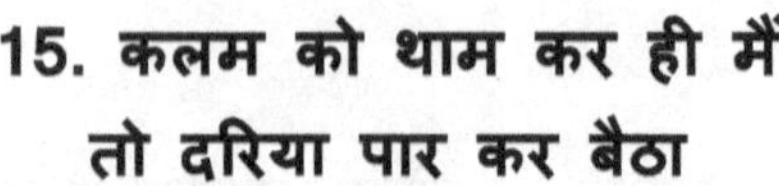

जुनूँ बस शायरी का इस कदर छाया रहा मुझ पे
कलम को थाम कर ही मैं तो दरिया पार कर बैठा

सफ़ीने आ गए ज़िद पर ग़ज़ल एक नोश फ़रमाने
परेशाँ हो गया तूफ़ान और इरशाद कर बैठा

ना जाने कैसे शायर आजकल के मौज करते हैं
मुझे तो शौक़-ए-शायरी पूरा बर्बाद कर बैठा

बिना ज़ेवर बिना गहने जो ज़्यादा खूबसूरत है
तू क्यों बेकार में उस नज्म का श्रिंगार कर बैठा

सभी को शक्ल-ओ-सूरत मेरे ज़ख्मों की देकर तू
मुझे अपनी लिखी ग़ज़लों का एक हक़दार कर बैठा

मैं अपने काम धंधे में ही खुद का दिल लगाता था
ग़ज़ल सुन कर तेरी, मैं भी किसी से प्यार कर बैठा

16. मगर हमने भी अपनी शक्ल में बस दोष देखा है

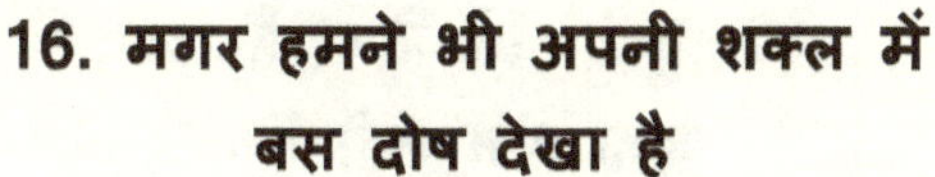

हो किसके ख़ौफ़ में, तुम पे नशा चढ़ता नहीं है जो
तुम्हें मयखाने में हमने सदा बा-होश देखा है

तेरी आँखों से लगता है कोई तूफ़ान आएगा
समुन्दर एक उनमें इस कदर ख़ामोश देखा है

बता दे चाँदनी हमको की आख़िर चीज़ क्या है तू
तेरी बाहों में हमने, ताज को मदहोश देखा है

फ़िज़ाओं में बड़ी मायूस सी लगती थी जो शबनम
तेरी पलकों पे उसको झूमते पुरजोश देखा है

ना जाने क्यों जुबाँ से वो बने गूँगे ही रहते हैं
मगर सीने में उनके खौलता आक्रोश देखा है

हमारा राब्ता हमसे कराने आईना आया
मगर हमने भी अपनी शक्ल में बस दोष देखा है

17. तुझे होने दिया है दिल, खुदा होने नहीं दूँगा

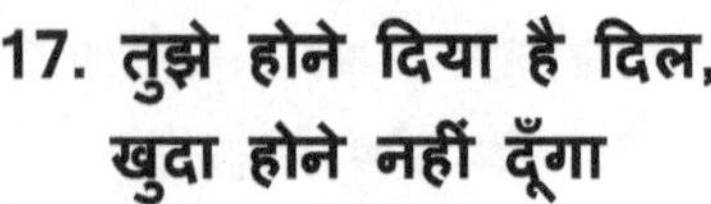

बियाबानों में तुमको लापता होने नहीं दूँगा
मेरे हो जाओगे तुम तो जुदा होने नहीं दूँगा

मैं एक पत्थर को कल तीखी जुबाँ से बोल बैठा हूँ
तुझे होने दिया है दिल, खुदा होने नहीं दूँगा

सुकूँ मिल जाएगा तुम को अगर मेरा क़त्ल करके
तो तैयारी करो बेफ़िक्र, सजा होने नहीं दूँगा

नशे में वो मुझे हर वक्त गाफ़िल देख कहता है
मैं मंदिर की ज़मीं पर मैक़दा होने नहीं दूँगा

अमावस हो मेरी तो क्या मुझे तुम रोशनी दोगे
मैं अपनी पूर्णिमा में तो दीया होने नहीं दूँगा

मुझे मंज़ूर दूरी तो है अपने महजबीं से पर
कोई दीवार अपने दरमियाँ होने नहीं दूँगा

जो पहला इश्क़ होगा वो ही तेरा आख़िरी होगा
भ्रमर, दूजी कली पर मैं फ़िदा होने नहीं दूँगा

पराए इश्क़ में पागल दुल्हन को कह गया क़ाज़ी
दुल्हनिया सुन, तेरी जबरन रजा होने नहीं दूँगा

18. राणा को याद करके मैंने सर कटा लिया है

आवाज़ दे के उसको दिल में बुला लिया है
मुश्किल था कदम पहला, मैंने उठा लिया है

डाली पे नशेमन एक उसने बना लिया है
रूठी हुई थी मैना, तोता मना लिया है

चेहरे पे शिकन मेरे, वो महसूस कर गई है
घबरा के उसने अपना बुर्का हटा लिया है

मूरत थी बहुत छोटी पर काम तो बड़ा था
सजदे में होके मैंने ये क़द घटा लिया है

मुझको ज़मीन का एक टुकड़ा दिया है लेकिन
बदले में मेरा पूरा वो आसमाँ लिया है

मंज़िल थी एक फिर भी रास्ता जुदा लिया है
उसने सफ़र में मुझसे दामन छुड़ा लिया है

बोले वो सर झुकाओ तलवार तान अपनी
राणा को याद करके मैंने सर कटा लिया है

वनवास में थी रानी, मजबूरियाँ सियासी
राजा ने वन को मन के भीतर बसा लिया है

इंसाफ़ चुगलियों का मोहताज हो गया है
नज़रों पे जबसे उसने पर्दा चढ़ा लिया है

19. मसरूफ हम मगज के विस्तार में रहे हैं

या तो नुमाइशों में, या बाज़ार में रहे हैं
हम ज़िन्दगी भर झूठे किरदार में रहे हैं

खुद में ही गुमशुदा हो, ऐसा वजूद लेकर
पहले सफ़े पे हम हर अख़बार में रहे हैं

उनकी बुलंदियों में चेहरे थे दूसरे ही
हम जिन इमारतों के आधार में रहे हैं

बाक़ी जगह तो केवल रस्में अदा हुईं हैं
सम्बन्ध तो हमेशा व्यापार में रहे हैं

दिल तो सिमट सिमट कर छिनता गया है लेकिन
मसरूफ हम मगज के विस्तार में रहे हैं

धिक्कार के भी लायक़, वो लोग कभी ना थे
मजबूरियों में जिनके सत्कार में रहे हैं

नीयत थी साँवली, फ़ितरत भी साँवली थी
क्यों लाल रंग उनके रुखसार में रहे हैं

साँसें चली हैं उनकी रह कर ख़फ़ा ख़फ़ा ही
नाहक खुशामदों में, मनुहार में रहे हैं

20. कोई आवाज़ हो, दमकल सी नज़र आती है

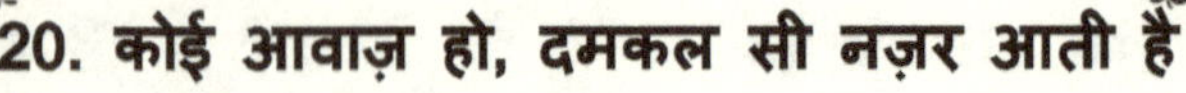

कैसी आवाज़ है धड़कन सी नज़र आती है
मन बियाबान में हलचल सी नज़र आती है

प्यार में मेरे ही पागल थी जो लड़की वो अब
गाँव वालों को भी पागल सी नज़र आती है

तेरा दावा है तेरे घर में नहीं दरवाज़ा
फिर वो शै क्या है जो साँकल सी नज़र आती है

क्या करेंगे हम अंधेरों से निकल कर बाहर
पूरी दुनिया ही हलाहल सी नज़र आती है

बादशाह खुद को फलक मान के चलता है जो
उसकी हस्ती मुझे बादल सी नजर आती है

कल तक कुर्सीनुमा पर्वत एक दिखा करता था
आज धरती वो ही समतल सी नज़र आती है

झोंपड़ी को, जो घिरी बैठी है लपटों से यहाँ
कोई आवाज़ हो, दमकल सी नज़र आती है

रेत साहिल की, बना कर मुझे देती है महल
मुझे मुट्ठी में वो मीनल सी नज़र आती है

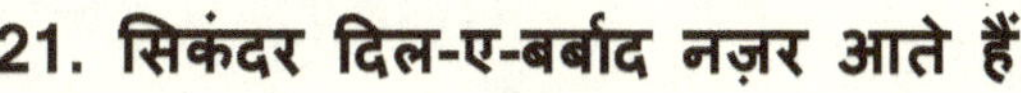

21. सिकंदर दिल-ए-बर्बाद नज़र आते हैं

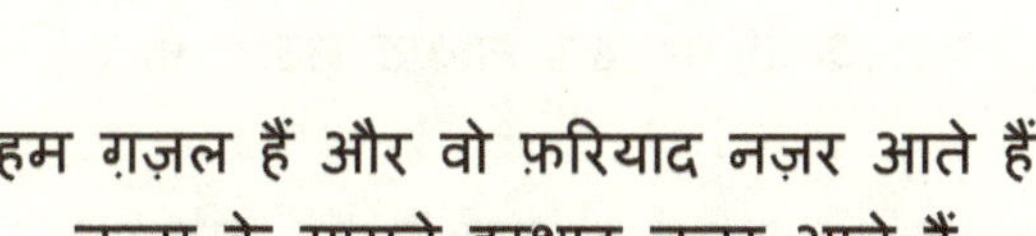

हम ग़ज़ल हैं और वो फ़रियाद नज़र आते हैं
नज़्म के सामने इरशाद नज़र आते हैं

उन में होते हैं हमेशा ही बसेरे मेरे
इसलिए ही तो वो आबाद नज़र आते हैं

इस कदर ख़ौफ़ में डूबा हुआ है एक चमन
शोर पत्तों के भी जिहाद नज़र आते हैं

चोट से सिर्फ़ हथौड़ी की, बिखर गए हैं वो
जिनके सीने हमें फ़ौलाद नज़र आते हैं

पूरी दुनिया पे फ़तह हो गई हासिल जिनको
वो सिकंदर दिल-ए-बर्बाद नज़र आते हैं

कल तक जो होंठ किसी सूखी नदी जैसे थे
उनमें अब तैरते संवाद नज़र आते हैं

जाने किस चीज़ के डर से हुए चेले ग़ायब
अब तो गुरुकुल में बस उस्ताद नज़र आते हैं

सौ बरस के हुए हैं आज गाँव के दद्दू
पर विकेट पर खड़े नाबाद नज़र आते हैं

इतना खुद-आराई में डूबा है एक पागल शायर
जो हैं ताने वो उसे दाद नज़र आते हैं

बीज बेचैन है जल्दी से शजर बनने को
सारे अशआर उसे खाद नज़र आते हैं

22. उनकी आँखों में सदा दाने नज़र आते हैं

जब भी मन मेरा ये चिड़िया सा उड़ा करता है
उनकी आँखों में सदा दाने नज़र आते हैं

जाने क्या देखकर एक अप्सरा मुझसे कह गई
आप साधु नहीं, दीवाने नज़र आते हैं

पहले इस गाँव में पनघट भी मिला करते थे
अब तो केवल यहाँ मयखाने नज़र आते हैं

मुझको अंदेशा किसी क़त्ल का होता है तब
जब किसी हाथ में दस्ताने नज़र आते हैं

छोड़ कर अपनी वसीयत जो बुझ गई है शमा
रक़्स करते कई परवाने नज़र आते हो

हुजूम देखकर मंदिर में कन्हैया खुश है
ज़्यादतर तो प्रसाद खाने नज़र आते हैं

जब भी दिखते हैं वो मेरे ग़रीबखाने में
अपनी ख़ुदगर्ज़ी को चमकाने नज़र आते हैं

खून ने जब से गुलालों से हुकूमत छीनी
हर शहर में ही अब 'बरसाने' नज़र आते हैं

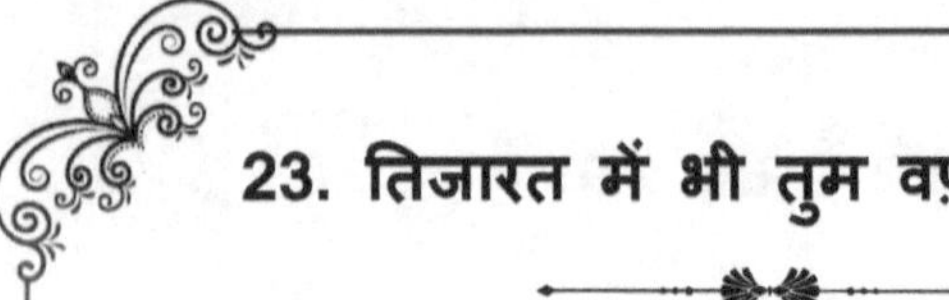

23. तिजारत में भी तुम वफ़ा कर रहे हो

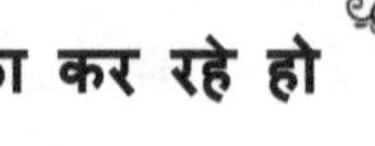

जो सब क़र्ज़ अपने अदा कर रहे हो
तिजारत में भी तुम वफ़ा कर रहे हो

पुरानी रस्म के इलाक़े में रहकर
शुरू तुम नई एक प्रथा कर रहे हो

निभा कर सभी फ़र्ज़ अपने, क्यों
मुश्किल मेरा रास्ता कर रहे हो

क्यों सब क़ाफ़िलों से जुदा राह लेकर
अवसर को तुम आपदा कर रहे हो

शिकन तेरे चेहरे पे ज़ाहिर ना हो तो
जो बाज़ीगरी में तू माहिर ना हो तो

ज़माना तो ये मान कर ही चलेगा
जहन्नुम में भी तुम मज़ा कर रहे हो

नज़र पर डले अपनी, पर्दे हटा लो
जो दिन रात ये आरता कर रहे हो

अभी तक वो इन्सान भी ना मुकम्मल
जिसे पूज कर देवता कर रहे हो

24. तुम शिवालों से दूर बैठे हो

दर पे उजली सुबह की दस्तक है
तुम उजालों से दूर बैठे हो

पाँव काशी में हैं तुम्हारे पर
तुम शिवालों से दूर बैठे हो

इम्तिहानों को घर बुलाकर तुम
क्यों सवालों से दूर बैठे हो

तुम जब मयखाने में नज़र आए
मेरे भीतर सुकून भर आए

फ़ैसला तुमने ये किया उम्दा
होशवालों से दूर बैठे हो

बोझ सारे उतार दो मन के
कुछ तो आने दो रोशनी छन के

खेल चौपड़ का है ज़माना ये
इसकी चालों से दूर बैठे हो

मुझको इंतज़ार उस शाम का है
एक पहर सिर्फ़ तेरे नाम का है

अपनी नज़रों में नए ख़्वाब लिए
तुम मलालों से दूर बैठे हो

25. पसंद करते हो मेरे शे'र, वाह करना नहीं चाहते

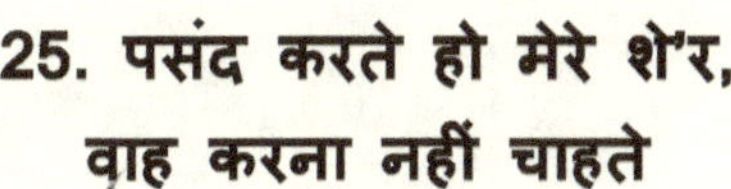

तू दुश्मन है मगर तुझको तबाह करना नहीं चाहते
मेरे ये हाथ अब कोई गुनाह करना नहीं चाहते

हमें मालूम है तुम रोक लोगे हमको मरने से
इसी डर से कोई तुमसे सलाह करना नहीं चाहते

जुदा होना तुम्हारे से यकीनन कुफ़्र जैसा है
मगर चारा भी क्या है, तुम निबाह करना नहीं चाहते

बताओ तो सही ऐसी हैं क्या मजबूरियाँ तेरी
इश्क़ तो कर लिया पर तुम ब्याह करना नहीं चाहते

बड़े हैं नाम महफ़िल में और मैं अदना सा शायर हूँ
पसंद करते हो मेरे शे'र, वाह करना नहीं चाहते

उँगलियों से मैं बुनता हूँ रोज़ ख़्वाब नया
मैं हर चिराग़ को कहता हूँ आफ़ताब नया

26. तेरे दीये से मेरा दीया भी जल गया है

हो कर हताश कश्ती मझधार में खड़ी है
नज़रों से उसकी साहिल फिर से फिसल गया है

मायूस आसमाँ था, धरती से कह उठा है
आफ़ताब एक ही था और वो भी ढल गया है

कोई दुखी है उसका सोना नहीं बिका है
कोई ख़ुश है कि खोटा सिक्का भी चल गया है

जो कष्ट था, मुक़द्दर जल्द ले के आ गया है
आनंद फिर से अगले मौसम तक टल गया है

असलहा मैं इकट्ठा करता रहा हूँ लेकिन
दुश्मन को सामने पा मेरा मन बदल गया है

तेरा नहीं गया कुछ, मुझको भी मिल गया है
तेरे दीये से मेरा दीया भी जल गया है

वक्त तुमको जमाख़ोरी करने ही नहीं देता
जो एक कल मिला है तो एक कल गया है

मंज़िल मिली है हर उस मुसाफ़िर को एक सफ़र में
ठोकर जिसे लगी हो पर वो संभल गया है

27. डल झील में चलते शिकारे कैसे ले लू मैं

फ़रेबी आसमानों से सितारे कैसे ले लूँ मैं
बिना हासिल नज़र तेरी, नज़ारे कैसे ले लूँ मैं

खुदाया एक ही में आ गया आजिज़ मैं दुनिया से
जन्म फिर आपसे ये ढेर सारे कैसे ले लूँ मैं

मेरे इस गाँव में कुछ लोग ना जाने कब से प्यासे हैं
तो फिर तोहफ़े में मालिक ये फ़व्वारे कैसे ले लूँ मैं

नहीं है साथ मेरी दिलरुबा, कश्मीर में मेरे
तो फिर डल झील में चलते शिकारे कैसे ले लू मैं

कभी होता है मन मेरा खुद अपनी जान लेने का
मगर हम हो गए जब से तुम्हारे, कैसे ले लूँ मैं

सुना है आ गए हो तुम मोहब्बत सौंपने मुझ को
पर तुमसे नाम मेरा बिन पुकारे, कैसे ले लूँ मैं

मुझे आदत है अपने गाँव के उस मीठे पानी की
शहर में मिलते हैं सब खारे खारे, कैसे ले लूँ मैं

28. बड़े खुश हैं कई पत्थर कि वो तो राम जैसे हैं

मुंडेरी पर कबूतर, इश्क़ में पैग़ाम जैसे हैं
किसी के ख़्याल तीखे दर्द में आराम जैसे हैं

हमें कहती है ये दुनिया, बड़े मशहूर हो तुम तो
मगर अपनी नज़र में हम किसी गुमनाम जैसे हैं

भले छपते रहें क़िस्से बड़े कामों के, नामों के
किसी के काम आवें तो ही ढंग के काम जैसे हैं

ज़हर की जो शक्ल ओ सूरत दिलों में देख आए हैं
लबालब ज़हर से प्याले तो जैसे जाम जैसे हैं

महल में एक राजा ने नया मंदिर बनाया है
बड़े खुश हैं कई पत्थर कि वो तो राम जैसे हैं

पूरे जीवन का दर्शन एक दिन में ही करा देवे
सहर से हैं कभी हालात, कभी ये शाम जैसे हैं

मेरे कुछ दोस्त पीछे रह गए थे दौड़ में मुझसे
अभी मैं भागता रहता हूँ, वो विश्राम जैसे हैं

29. नई उगने लगीं कोपलें मुझमें

बँट गया हूँ मैं एक ज़मीं की तरह
नज़र आती हैं सरहदें मुझमें

मुश्किलें अपनी मैं बताऊँ किसे
ढूँढते हैं सब राहतें मुझमें

खुद को जब गौर से देखा तो मिलीं
मेरी ज़हमतों की जड़ें मुझमें

कुछ हवा और कुछ पानी बदला
नई उगने लगीं कोपलें मुझमें

कोई शतरंज समझ कर मुझको
आप चालें नहीं चलें मुझमें

राहें मेरी हैं मेरे भीतर ही
मेरी सारी हैं मंज़िलें मुझमें

30. भँवर बीच कश्ती रवाँ कर रहा हूँ

मैं आगाह करती हुई हर सदा को
सुन कर भी अब अनसुना कर रहा हूँ

मैं साहिल पे हासिल पनाहों को ठुकरा
भँवर बीच कश्ती रवाँ कर रहा हूँ

पलायन बहुत हो गया मुश्किलों से
ख़फ़ा रहता है तू ख़ुदा बुज़दिलों से

मैं तूफ़ान से रूबरू होकर उसका
पुरजोश अब सामना कर रहा हूँ

मुझे तेरी पूजा का एहसास सच्चा
कभी मंदिरों में ना हासिल हुआ है

अंधेरे घरों में दीये रख के आया
लगा तब प्रभु, साधना कर रहा हूँ

दरख़्तों से ताजी हवा मैंने ली है
कई बार छाया चुरा मैंने ली है

लगाया है पौधा मैंने भी और अब मैं
उसे पाल, बच्चा बड़ा कर रहा हूँ

लगातार बारिश की छम छम ना होगी
जमीं की तपन ठीक से कम ना होगी

इकट्ठा किया है मैंने बादलों को
सावन तुझे कुछ घना कर रहा हूँ

31. कश्तियों के लिए दरिया ही दहर होता है

उस को धरती से, आसमान से लेना क्या है
कश्तियों के लिए दरिया ही दहर होता है

ज़िन्दगी का गणित ये कह बयाँ किया उसने
हर गुणा भाग के आख़िर में सिफ़र होता है

सिर्फ़ आवाज़ की सुनवाई करने वालों सुनो
मौन अधरों का भी अपना एक स्वर होता है

अपनी तकलीफ़ में खुद को तू अकेला ना समझ
तेरे ग़म का पूरी कुदरत पे असर होता है

मेरे महबूब तू बेसबर, बेक़रार ना रह
कौन सी शै है तुझे जिससे सबर होता है

लोग बनते हैं अमर अपने नेक कामों से
पी कर अमृत को भला कौन अमर होता है

मेरे दिल पे तो चलती है हुकूमत मेरी
एक कबीले का तो बस एक सदर होता है

प्यास शहरों की बुझाती है नहर हो के नदी
क्या समुन्दर भी कभी कोई नहर होता है

32. रास्ता साथ में तय करते हैं

हाथ ले हाथ में तय करते हैं
रास्ता साथ में तय करते हैं

वक्त अगली सौ मुलाक़ातों का
इस मुलाक़ात में तय करते हैं

मेरे महबूब समुन्दर एक बड़ा
खूबसूरत तेरी आँखों में जो है

उस समुन्दर का सफ़र कश्ती में,
चाँदनी रात में तय करते हैं

हो मुबारक नई दुनिया तुम को
ख़्याल आ जाए बस इतना तुम को

हम तेरी डोली को उठाए, सफ़र
कैसे हालात में तय करते हैं

फ़ैसला जो भी करो कर लेना
पर मुकम्मल मुझे लिख कर देना

फ़ैसले ढेरों किताबें पढ़ क्यों
चंद अल्फ़ाज़ में तय करते हैं

है सवालों पे अगर हक़ तेरा
तो मुझे हक़ तू जवाबों का दे

आप पर आप हैं, कैसा हो जवाब
ये सवालात में तय करते हैं

33. चखता था शेर खूँ जो, अब इश्क़ चख लिया है

तैयार था सफ़ीना लहरों से खेलने को
पलकें गिरा के तुमने सागर ही ढक लिया है

अंगार में तपा कर सोना बनाया खुद को
तुम भी परख लो हमको, जौहरी परख लिया है

जंगल में जानवर सब अब मौज कर रहे हैं
खूँ-ख़्वार शेर ने भी अब इश्क़ चख लिया है

तूने ना जाने कितने मेरे लिए रखे हैं
मैंने तेरे लिए भी उपवास रख लिया है

अब तो खुदाया हमको एक ठौर तू थमा दे
जितना तू चाहता था, बंदा भटक लिया है

दिल बोलता है अब कुछ रफ़्तार थाम लो तुम
वो हैसियत से अपनी ज़्यादा धड़क लिया है

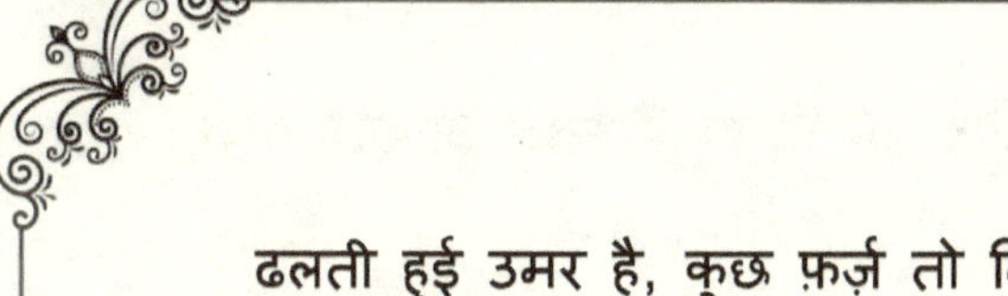

ढलती हुई उमर है, कुछ फ़र्ज़ तो निभा दे
जब थी जवानी, तुमने तब मुझ पे हक़ लिया है

मुद्दत से तुम हमारे दुश्मन बने हुए हो
बदला नहीं क्यों तुमने फिर आज तक लिया है

34. अर्जुन को दिखा विस्तृत आकार क्यों दिया है

भेजा है हमको तुमने एक दिल नरम लगाकर
फिर ईंट पत्थरों का संसार क्यों दिया है

तिनका सरीखी हल्की, आए थे रूह लेकर
फिर लाद उसके ऊपर ये भार क्यों दिया है

कुछ फ़ैसले तुम्हारे बिलकुल समझ ना आए
अँखियों में मेरी अक्सर अचरज रहे समाए

आकाश को अंधेरा जिस दिन दिया उसी दिन
धरती को रोशनी का त्योहार क्यों दिया है

कहते हो मोह त्यागो, कष्टों से तुम ना भागो
कब से हो नींद में तुम, अब वक्त है कि जागो

जब लक्ष्य त्याग का था, सुर वीतराग का था
तो ख़्वाहिशों को इतना विस्तार क्यों दिया है

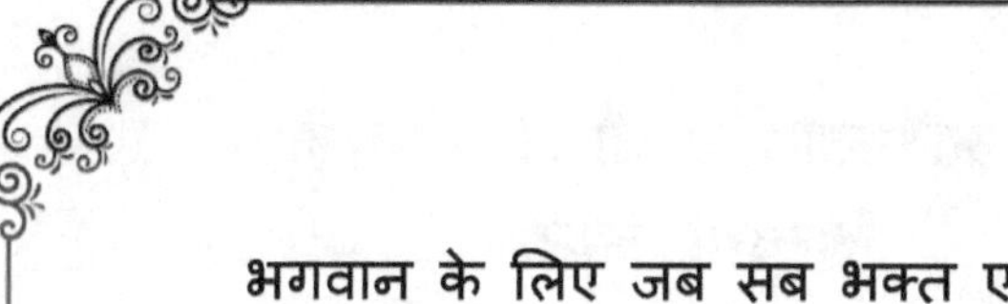

भगवान के लिए जब सब भक्त एक से हैं
सबकी शिराओं में जब सब रक्त एक से हैं

हमको दिए हैं दर्शन नन्ही सी पालकी में
अर्जुन को दिखा विस्तृत आकार क्यों दिया है

35. क़ब्रिस्तान से भी आ गया हूँ ज़िन्दगी लेकर

मैं पनघट से अभी लौटा हूँ मन में एक छवि लेकर
मैं जल लेने गया था, आ गया खुद में कवि लेकर

नदी से रूबरू थे हम, हमारी तिश्नगी लेकर
बहुत सारा अदब, थोड़ी सी लेकिन दिल्लगी लेकर

अंधेरों से मिलेंगे हम, उन्हें कुछ रोशनी देंगे
नहीं लौटेंगे उनके पास से हम तीरगी लेकर

ये वादा है हमारा, सुनले तू मुरझाए हुए गुल
हमारे पास आओ तुम तो जाना ताज़गी लेकर

सफ़ीने कुछ जो साहिल पे बड़े गुमसम से रहते थे
भँवर को जीत कर आए हैं एक दीवानगी लेकर

किसी बच्चे को देखा चूमते हुए कब्र का पत्थर
तो क़ब्रिस्तान से भी आ गया मैं ज़िन्दगी लेकर

36. हमारे से तो अपनी जान का सौदा नहीं होता

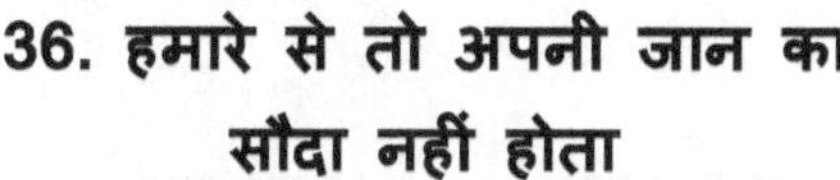

यहाँ पर तो बाज़ारों के तले, रूहें भी बिकती हैं
यहाँ बस जिस्म और सामान का सौदा नहीं होता

नज़र आता नहीं ऐसा कोई दरबार दुनिया में
जहाँ पर फ़र्ज़ और ईमान का सौदा नहीं होता

अभी मंडी नई है ये, जगह इसमें ज़रा कम है
अभी तक तो यहाँ इंसान का सौदा नहीं होता

मकानों के मैं कमरे तो हमेशा बेच लेता हूँ
मगर मुझसे कभी दालान का सौदा नहीं होता

समुन्दर, पेशकश कश्ती की ठुकराकर ये कहता है
हराओ जंग में, तूफ़ान का सौदा नहीं होता

निवाले इन ग़रीबों के अगर छीने नहीं जाते
किसी बस्ती में फिर संतान का सौदा नहीं होता

सियासत मजहबी मंसूबे अपने भूल जाओ तुम
हमारे गाँव में भगवान का सौदा नहीं होता

दिया है दिल तुम्हें अपना तो धड़कन साथ में दी है
हमारे से तो अपनी जान का सौदा नहीं होता

37. दरिया तो बन गए हो, सागर के ख़्वाब देखो

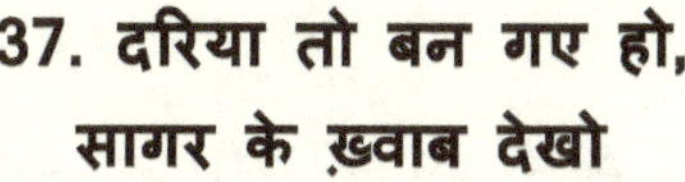

तुम मुझ में ना तलाशो आमद अशर्फ़ियों की
ग़र मेरे ख़्वाब देखो तो मुझ में सवाब देखो

अब अपने तसव्वुर का तुम दायरा बढ़ाओ
दरिया तो बन गए हो, सागर के ख़्वाब देखो

कब से मुरझ मुरझ कर पीले पड़े हुए हैं
हो जाएँ लाल ग़र तुम हम में गुलाब देखो

सिक्के के दो पहलू सा है ये वजूद मेरा
मुझ में फ़क़ीर देखो, मुझ में नवाब देखो

क्यों चाँद सितारों में दुश्मन को ढूँढते हो
वाजिब रहेगा ग़र तुम अपने आस पास देखो

धरती है अपनी प्यासी, सूखे पड़े हैं दरिये
तुम अंतरिक्ष में जाकर मंगल पे आब देखो

पलकों को बंद करके तुमको विदा करेंगे
नहीं चाहते, चश्म में उठता सैलाब देखो

जो आपकी है उसका घूँघट तो खुद उठाओ
कभी ज़िन्दगी को अपनी तुम बेहिज़ाब देखो

छाने लगी है अब तो ज़ुल्फ़ों में भी सफ़ेदी
तस्वीर के लिए कोई अच्छा ख़िज़ाब देखो

38. हम ज़िंदगी को केवल किरदार में जिए हैं

रंगमंच सा समझ कर, संसार में जिए हैं
हम ज़िन्दगी को अपने किरदार में जिए हैं

बोले थे तुम खुदाया, दुनिया तो एक ही है
हम को लगा कि हम तो दो चार में जिए हैं

नज़रों में ख़्वाब रखे सरहद बग़ैर हमने
हम चादरों में लेकिन, आकार में जिए हैं

जब साँझ हो गई है, तब मालिकी मिली है
दिन भर तो नौकरों से सरकार में जिए हैं

इस ज़िन्दगी के मानी उस दिन समझ में आए
एक दिन तुम्हारे संग हम जब प्यार में जिए हैं

खुद को क़बीला, मन को सरदार कर दिया है
ख़ाली किया मगज को, सरदार में जिए हैं

देखी छटा गुलाबी हमने मुखारबिंद में
धरती पे अप्सरा के रुख़्सार में जिए हैं

मक़सद था तीरगी के हर घर से रूखसती का
बिजली सा हो के हम तो एक तार में जिए हैं

39. ख़ुदा

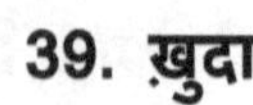

वो ही लाता है साहिल पर, वो ही तूफ़ान लाता है
वो फूंके जान पुतले में, वो ही श्मसान लाता है

खुदा जो मिल गया तो पूछ बैठेंगे कहाँ से वो
नई दुनिया बनाने के लिए सामान लाता है

मदरसा वो कहाँ पर है, वो गुरुकुल कहाँ पर है
जहाँ से इल्म लाता है, जहाँ से ज्ञान लाता है

सही मानी में उसकी बंदगी तो वो ही करता है
किसी भी ग़मज़दा चेहरे पर जो मुस्कान लाता है

उसे पाने का ज़रिया आस्था में, प्रार्थना में है
उसे नहीं खोज कर कोई भी अनुसंधान लाता है

40. हमें तो चाँद के चेहरे में क़ब्रिस्तान दिखता है

कश्ती ख़ौफ़ में है इस कदर अपने समुन्दर के
उसे आती हुई मौजों में भी तूफ़ान दिखता है

ना जाने क्यों तुम्हें उजड़ा चमन आबाद लगता है
हमें आबाद इस बस्ती में बस श्मसान दिखता है

ओ सुन घायल मुसाफ़िर ढूँढले दूजा मुकाँ कोई
यहाँ हर शख़्स तेरे ज़ख्मों से अनजान दिखता है

दीवान-ए-ख़ास में ही बादशाह का दिन गुजरता है
दीवान-ए-आम में तो बस पड़ा दीवान दिखता है

लड़ाई चाँद पे क़ब्ज़े की जब से ज़ोर पकड़ी है
हमें तो चाँद के चेहरे में क़ब्रिस्तान दिखता है

मुझे मंज़िल ने मेरी ख़्वाब में आकर बताया है
नहीं लेना कभी जो रास्ता आसान दिखता है

मोहब्बत से ज़माना सिर्फ़ उससे पेश आता है
उसे जिस शख़्स में अपने लिए सोपान दिखता है

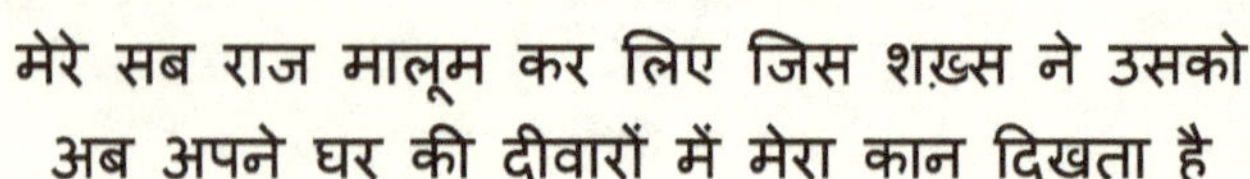

मेरे सब राज मालूम कर लिए जिस शख़्स ने उसको
अब अपने घर की दीवारों में मेरा कान दिखता है

भवन के सबसे ऊँचे तल की पूजा कर रहे हो तुम
मुझे तो नींव के पत्थर में ही भगवान दिखता है

41. बंजर हुई जमीं तो सावन हुए पराए

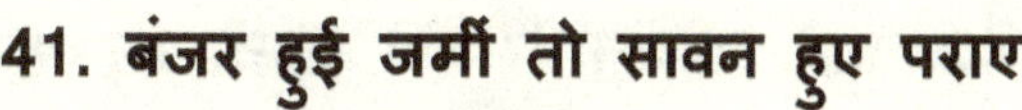

बंजर हुई जमीं तो सावन हुए पराए
आँखों में हम कहीं से सैलाब के आए

गुजरे हो तुम भी मेरी नज़रों के सामने से
अपना हसीन चेहरा मुझको बिना दिखाए

कैसे जुदा कोई भी मुझको मुक़ाम मिलता
रास्ते जब तय किए हैं मैंने नपे नपाए

मुझको मलाल है की क्यों वक़्त पे कभी भी
बाँटे थे मैंने खुल के, क़र्ज़े नहीं उगाहे

अपनों में ही मगन थे, उनके ही हैं सताए
ग़ैरों को बना अपना, रिश्ते नहीं कमाए

कैसे मिटेंगी दूरी जो अपने दरमियाँ है
खाई है बीच में और कभी पुल नहीं बनाए

तुम ही 'समय' बताओ तरकीब कोई ऐसी
जो सर्द हो गए हैं कैसे करूँ निवाये

42. मुझे जन्नत के दावे जल्दी मर कर आज़माने हैं

कलेजे पर हमारे, घाव कुछ गहरे दिखे उनको
तो बोले वो, उन्हें भी अपने नश्तर आज़माने हैं

सितमग़र आज़माने आ गए लेकर सितम अपने
हमें भी आज अपने सब सितमग़र आज़माने हैं

रिहाइश पत्थरों की बस्ती में करने से पहले, कल
हमारे पास हैं कुछ काँच के घर, आज़माने हैं

सफ़ीने आज़माकर, हम से एक तूफ़ान कहता है
अभी बाक़ी साहिल और समुन्दर आजमाने हैं

रिहा बुलबुल को करके जाल से, सय्याद कहता है
ज़रा उड़ के दिखा बुलबुल, मुझे पर आज़माने हैं

दिखा जब आग का दरिया तो उसमें कूद बैठा मैं
मुझे जन्नत के दावे जल्दी मर कर आज़माने हैं

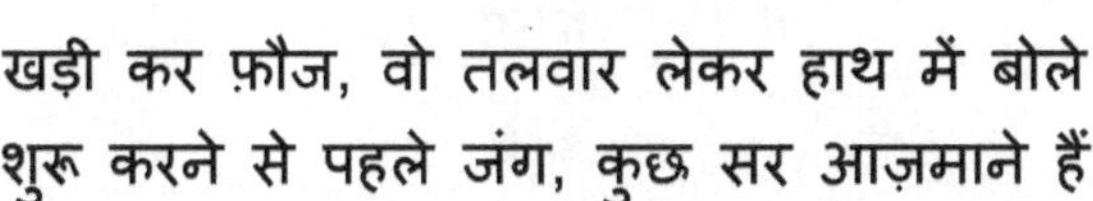

खड़ी कर फ़ौज, वो तलवार लेकर हाथ में बोले
शुरू करने से पहले जंग, कुछ सर आज़माने हैं

हैं कुछ जज़्बात उनके, सामने आने से डरते हैं
वो कहते हैं उन्हें फ़र्ज़ी कलेवर आज़माने हैं

43. फलक पर चाँद के ऊपर कोई पहरा नहीं होता

किसी वीरान घर से कम नहीं होती हैं वो आँखें
नज़ारे देखती हैं बस, कोई सपना नहीं होता

चुनो ग़र राह-ए-इंसाफ़ तो ये सोच कर चुनना
वहाँ पर सिर्फ़ चलना है, कभी थमना नहीं होता

हुकूमत भी उसी बदनाम बस्ती में नज़र आती
अगर जो जिस्म पर उसके डला पर्दा नहीं होता

हमारे, आपके चेहरे से ही चेहरा वो पाता है
जमाने का कोई अपना अलग चेहरा नहीं होता

सफ़ीने, ऐसे दरिया में मुझे लेकर नहीं जाना
बड़ा फैला हुआ दिखता है पर गहरा नहीं होता

सिपाही सैकड़ों ग़र अपनी कुर्बानी नहीं देते
शहंशाहों के सिर पर जीत का सेहरा नहीं होता

तू कैसे चाँदनी गिरती तड़पकर ताज के ऊपर
अगर जो चाँद थोड़े वक्त को ठहरा नहीं होता

रिवायत चाँद पर पहरों की तो केवल जमीं पे है
फलक पर चाँद के ऊपर कोई पहरा नहीं होता

44. जो कातिल था उसी ने कब्र में तब धर दिया लाकर

कोई भी प्रश्न हो उसका मैंने उत्तर दिया लाकर
मैंने हर क़ीमती सामान घर में भर दिया लाकर

परेशाँ होके हर शै से सुकूं हासिल हुआ है तब
तेरे काँधे पे रख मैंने जब अपना सर दिया लाकर

मुझे जीवन का असली मायना उस दिन समझ आया
मोहब्बत ने मुझे जब से कोई दिलबर दिया लाकर

मुझे जब चोट पहुँचाने का फ़तवा हो गया जारी
जो मेरा दोस्त था, पहला वोही पत्थर दिया लाकर

उठाने के लिए जब बोझ ना तैयार था कोई
जो कातिल था उसी ने कब्र में तब धर दिया लाकर

फलक जिसने दिया उसकी तो चर्चा हर जुबाँ पे है
ना कोई ज़िक्र है, पंछी को जिसने पर दिया लाकर

महल मैंने बनाया, सुर्ख़ियाँ मुझको मिली सारी
उसे कुछ भी नहीं जो इस महल को घर दिया लाकर

45. चमन का उनके चेहरे में सभी सामान दिखता है

सताना बेवजह हमको है शायद एक शग़ल उनका
हसीनों के कलेवर में हमें शैतान दिखता है

वो नूर-ए-इश्क़ से हरदम जिन्हें आबाद कहते हैं
उन्हीं नज़रों में हमको जंग का मैदान दिखता है

खुला रहता है यूँ देखो तो उनके दिल का दरवाज़ा
मगर हर वक्त उस के सामने दरबान दिखता है

एक गूँगी ज़ुबाँ से जब कभी मैं जाकर मिलता हूँ
मुझे पलकों की चिलमन में छुपा अरमान दिखता है

निगाहों में कमल, रुख़्सार में लाली गुलाबों की
चमन का उनके चेहरे में सभी सामान दिखता है

46. लगन तेरी लगी मुझको, तुझे मेरी लगी होगी

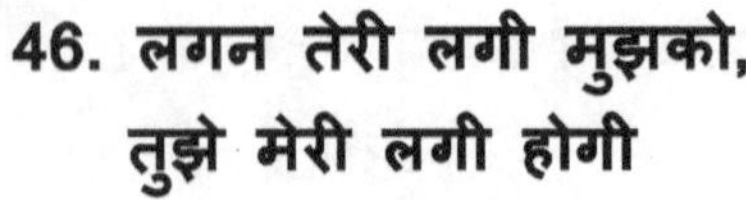

हुकूमत के क़हर ने छीन ली मुझसे जुबाँ मेरी
कभी लौटायी गई तो आपसे फिर दिल्लगी होगी

तेरी तक़रीर में अक्सर सलाहें सादगी की थीं
तो मैं ये मान बैठा, तुझ में भी तो सादगी होगी

नहीं थी ईद उस दिन पर मुझे हुक्म-ए-हलाली था
मैंने जो हुक्म उदूली की, तुझे नाराज़गी होगी

उमर भर तो रही जो ज़िन्दगी होकर परायी सी
क़यामत पास है तो अब कहाँ से ये सगी होगी

मरुस्थल में भी दिखता है कोई बादल फटा सा जो
कहीं मासूम दुल्हन फिर से कोई गई ठगी होगी

नदी के इस किनारे मैं, नदी के उस किनारे तू
मुझे भी तिश्नगी सी है, तुझे भी तिश्नगी होगी

हिज्र का फ़ैसला कुदरत का है, तामील करनी है
लगन तेरी लगी मुझको, तुझे मेरी लगी होगी

47. हुए तुम खुद भी सरयू पार, मुझे भी तर दिया लाकर

खुदाई, चंद लफ़्ज़ों में, ये कह कर मैं बयाँ कर दूँ
महज़ एक बूँद ने रख रूबरू सागर दिया लाकर

तेरा दीदार करने को प्रभु मंदिर बनाया है
नहीं बस आरती करने को रख पत्थर दिया लाकर

सदा बेख़ौफ़ रहता था, मैं डर को जानता ना था
मोहब्बत ने, तुम्हें खोने का, मुझको डर दिया लाकर

मोहब्बत बाँट कर भी वो रही एक ख़ाली बर्तन सी
तो मैंने इश्क़ की दौलत से बर्तन भर दिया लाकर

मुझे साये का अपने, देखना था ठीक से चेहरा
कोई, तस्वीर मेरी माँ की, आगे धर दिया लाकर

सफ़र की इब्तिदा में ही गिरी हैं बिजलियाँ मुझ पे
मगर हर हादसे ने एक नया अवसर दिया लाकर

प्रभु तुम चंद लम्हों को मेरी नैया में क्या बैठे
हुए तुम खुद भी सरयू पार, मुझे भी तर दिया लाकर

48. अपनी तलवार ला उस पे अपना सर रखता हूँ

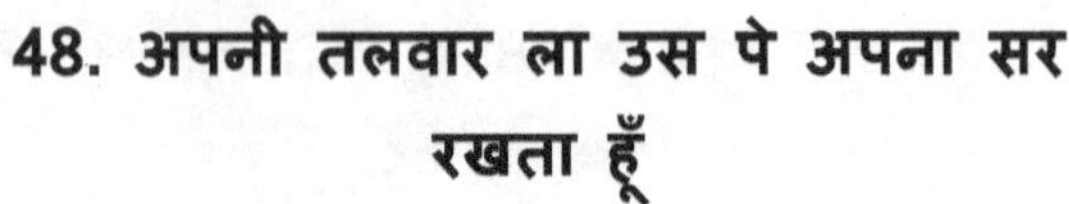

बुलबुले सा हूँ समुन्दर पे नज़र रखता हूँ
होकर तूफ़ान से कश्ती की डगर रखता हूँ

खुद को नश्तर नहीं एक मरहम बनाया है मैंने
मैं तिरस्कृत पड़े ज़ख्मों की फ़िकर रखता हूँ

इश्क़ करता हूँ किसी बुत से मैं काफिर होकर
धूप में चलता हूँ मैं ज़िद्दी मुसाफ़िर होकर

तपती राहों में ठण्डी छाँव का एहसास रहे
संग में दिलबर की यादों का शजर रखता हूँ

एक दीया हूँ मैं, किसी दिन मुझे बुझना होगा
कोई भी शै हो, उसूलन उसे मिटना होगा

अपनी लौ से मैं जलाता हूँ कई और दीये
इस तरह मर के भी खुद को मैं अमर रखता हूँ

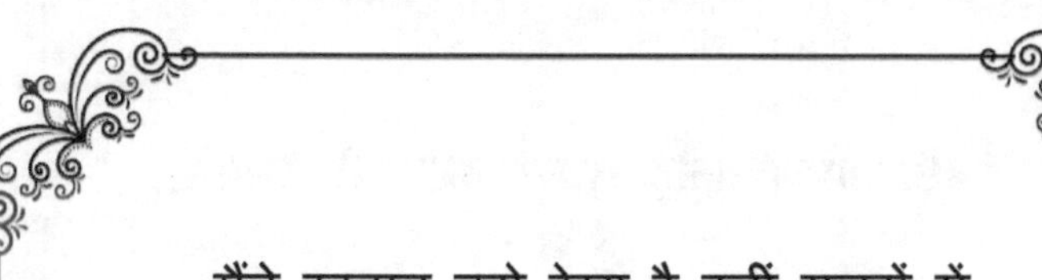

मैंने हुकूमत तुझे देखा है कहीं सजदों में
बिकते देखा है वज़ीरों को कहीं नक़दों में

ख़्वाब कदमों पे झुकाने के मुझे मत देखो
अपनी तलवार ला उस पे अपना सर रखता हूँ

49. अपनी कोई नज़्म बना लो हमको

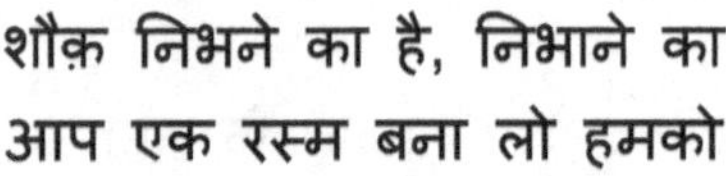

शौक़ निभने का है, निभाने का
आप एक रस्म बना लो हमको

दिल को छूने का हुनर रखते हैं
अपनी कोई नज़्म बना लो हमको

काश ऐसा भी कोई दिन आए
ख़्वाब ऐसा भी हो मुमकिन आए

जीत कर जंग कोई आओ तुम
और एक जश्न बना लो हमको

है तेरे पास ग़ज़ल, आवाज़ें
कद्रदानों की कमी रहती है

सूख जाती है स्याही जल्दी
लेकिन आँखों में नमी रहती है

आज दिलकश ग़ज़ल पढ़ो कोई
और एक बज़्म बना लो हमको

खूबसूरत सी लगेगी दुनिया
तुम अगर चश्म बना लो हमको

50. छोर की छोर तक रवानी है

धूप कहने लगी है फिर से कथा
नींद लेकिन 'बची कहानी' है

शब गुजर गई है ख़त्म कर के उम्र
ख़्वाब पर अब तलक जवानी है

ख़त्म हो जाती हैं मुलाक़ातें
बेक़रारी ख़त्म नहीं होती

बेक़रारी भी ख़त्म होती अगर
पैदा कोई नई नज़्म नहीं होती

सोच कर मुझसे ये रखना रिश्ता
कि क़यामत तक चलेगा क़िस्सा

वो शुरू हो और ख़त्म हो जाए
मुझसे ऐसी रस्म नहीं होती

सिर्फ़ साहिल के नहीं साथी हम
कश्ती मझधार में ले जानी है

नाम है जिसका मोहब्बत वो तो
छोर की छोर तक रवानी है

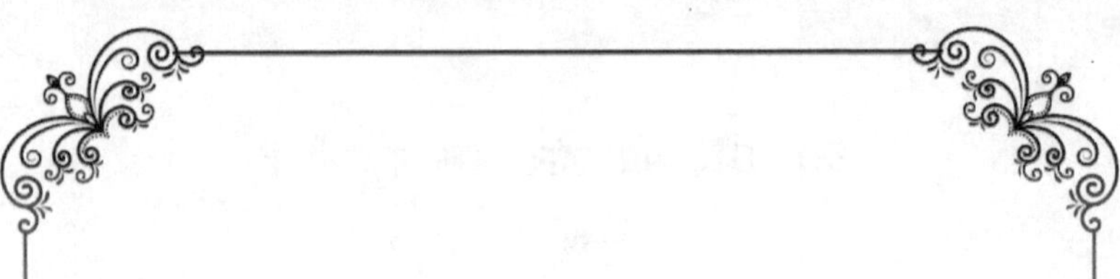

कभी भी आसमानों से मुकम्मल वो नहीं दिखती
ज़मीं पर पाँव रखते तुम तभी तुमको ज़मीं दिखती

51. सैलाब तेरा आया और बहा के ले गया

हम तो इत्मीनान से क़ायम थे खुद ही में
सैलाब तेरा आया और बहा के ले गया

अपने वजन के दम पर मग़रूर थी चट्टान
उसको हवा का झोंका उड़ा के ले गया

जिसको सम्भाले बैठे थे कोहिनूर की तरह
उस दिल को चोर बत्तियाँ बुझा के ले गया

दरवाज़े पे तैनात किए गए थे पासबान
महबूब मुझको खिड़कियों से आ के ले गया

रानी हुई थी अगवा शैतान के हाथों
राजा उसे छुड़ा के, आज़मा के ले गया

एक दिन क़ज़ा का आया लेकर कोई फ़रमान
फुसला के ले गया, हमें बहला के ले गया

दुनिया ना छोड़ने की ज़िद पे जो अड़ गए
आख़िर में काल उनको भी नहला के ले गया

52. ख़ुदा मेरे इजारे को नया करने पे आमादा

जो अपने थे वोही मुझको रवाँ करने पे आमादा
हुआ श्मसान एक मुझको धुआँ करने पे आमादा

ज़ख़्म यादों को तेरी हर वक्त ताज़ा सा रखते हैं
तो फिर क्यों आप हैं इनकी दवा करने पे आमादा

कभी जिसके तले हम तुम बहुत से ख़्वाब बुनते थे
फ़िज़ाएँ बूढ़े बरगद को जवाँ करने पे आमादा

एक तुम हो जो सलाख़ें काट देना चाहते हो अब
मगर हम हैं, सज़ाओं को बड़ा करने पे आमादा

गिरे रिश्तों में जब पतझड़, गए रंग छोड़ जो पत्ते
हुए हैं बदलते मौसम, हरा करने पे आमादा

सुना है कुछ फ़क़ीरों ने नई टकसाल खोली है
जो सिक्के हो गए खोटे, खरा करने पे आमादा

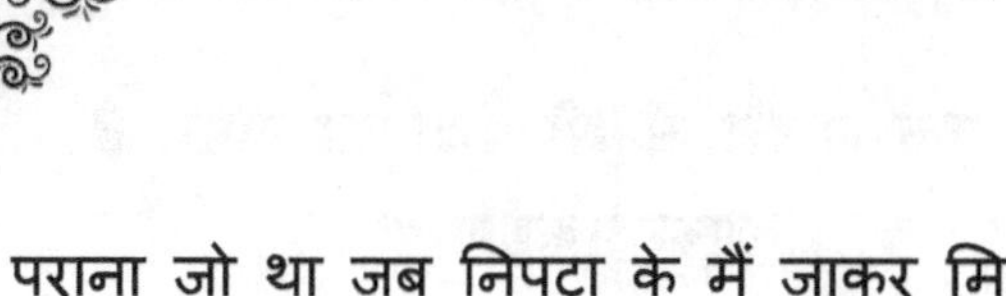

पुराना जो था जब निपटा के मैं जाकर मिला उससे
ख़ुदा मेरे इजारे को नया करने पे आमादा

मुझे दफ़ना गया था जो क़त्ल करके, वोही कातिल
सुकून-ए-रूह को मेरी, दुआ करने पे आमादा

इजारा = ठेका

53. एक ग़ज़ल में भी क्या आ जाता है गुरुत्वाकर्षण

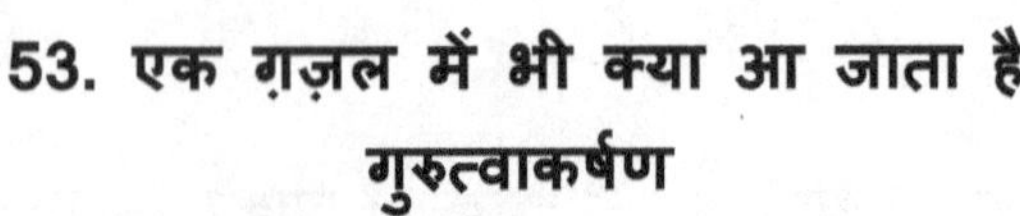

जब भी हो जाता है साया मेरा थोड़ा सा बड़ा
मेरा क़द नापने पैमाने चले आते हैं

बात करते हैं वो एतबार की रिश्तों में मगर
मौक़ा मिलते ही क्यों आज़माने चले आते हैं

नाम रखते हैं वो तूफ़ाँ अपने जज़्बातों का
लेकिन बस पत्तों को खड़काने चले आते हैं

गिर गया था मैं ठोकरों के तले आने पर
अपने आए नहीं, बेग़ाने चले आते हैं

कारवाओं से ठसाठस थीं चमकती राहें
मेरी इमदाद को वीराने चले आते हैं

जब भी भिड़ जाता हूँ मैं जुल्म के बाशिंदों से
दुनिया वाले मुझे समझाने चले आते हैं

आप मिलते नहीं हैं मुझसे महीनों महीनों
सिर्फ़ ख़्वाबों में ही चौकाने चले आते हैं

एक ग़ज़ल में भी क्या आ जाता है गुरुत्वाकर्षण
हर दिशा से खिंचे दीवाने चले आते हैं

54. बस एक बार और मिलो ज़िन्दगी, नहीं करेंगे दोबारा गलती

शुरू हुई तो लगी सदी सी, ख़त्म हुई तो बस चार पल सी
बस एक बार और मिलो ज़िन्दगी, नहीं करेंगे दोबारा गलती

अभी अभी तो उगा था सूरज, कहाँ से आ गई ये शाम ढलती
ओ वक्त, रफ़्तार तेज तेरी, मेरे सम्भाले नहीं संभलती

अभी हुआ था श्रिंगार चालू, अभी तो हल्दी मली मली थी
किसी दुल्हन के लगी हो मेहंदी, इतनी जल्दी नहीं उतरती

अभी अभी तो समाँ बंधा था, अभी हलक में सुरा डली थी
क़बूल हो जाती जो गुज़ारिश, तो धुन ज़रा देर और बजती

अभी अंधेरे मिटे कहाँ हैं, अभी तो हावी है तीरगी सी
बहुत सुहाता ग़र लौ दीये की, जो तू कुछ देर और जलती

बस एक बार और मिलो ज़िन्दगी, नहीं करेंगे दोबारा गलती

55. अब कुछ नहीं मिलेगा, कंकाल गल गए है

हुई गुफ़्तगू दिलों की तो हल निकल गए हैं
ज़िंदा मसाइल तो अब बुत में बदल गए हैं

इस बार फ़ैसले तो बस दिल ने ही लिए हैं
आगाह नहीं करना अब तीर चल गए हैं

जब वक़्त ने ली करवट, तुमको सदा ना आई
चोटी पे चढ़ फलक की अब आप ढल गए हैं

चल कर हवा ने उलटा, इंसाफ़ कर दिया है
मेरा घर जलाने वाले अब खुद ही जल गए हैं

जिस ने मुझे सिखाया था आसमाँ में उड़ना
वो बोलता है मुझसे तेरे पर निकल गए हैं

हर वक़्त सियासत की चढ़ती रही कढ़ाई
कल हम तले गए थे, आज आप तल गए हैं

तफ़तीश-ए-क़त्ल को अब बड़ी देर हो चुकी है
अब कुछ नहीं मिलेगा, कंकाल गल गए है

56. मुझको बुनियाद पर आघात नज़र आता है

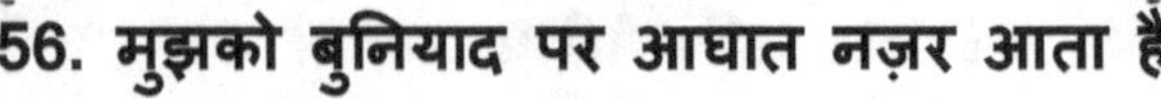

सूंघता कोई मेरे हालात नज़र आता है
एक साया सा अकस्मात नज़र आता है

गोश को आती है आवाज़ हमकदम जैसी
चश्म को पर ना कोई साथ नज़र आता है

आफ़ताब शाम सौंप कर मुझे ढल जाता है
पर चिराग़ मुझको हरेक रात नज़र आता है

एक अदना सा सिपाही जुनून में अपने
फ़ौज-ए-ज़ुल्मत पर करे वार नज़र आता है

वास्ते खल्क के जो शख़्स वालिदाना है
अपनी मुश्किल में क्यों अनाथ नज़र आता है

जैसे आसमान में कोई जाल नहीं हो सकता
हर परिंदा तुम्हें आज़ाद नज़र आता है

एक पत्थर जो बारिश में पड़ा है भीगा
एक भोली को बा जज़्बात नज़र आता है

वस्ल पे जब कभी वो कोई ग़ज़ल सुनती है
उसको दूल्हा लिए बारात नज़र आता है

एक ज़हर कल जिसे देखा था डाल डाल मैंने
आज देखा तो पात पात नज़र आता है

उनको दिखतीं हैं बस दीवार में खरोंचें सी
मुझको बुनियाद पर आघात नज़र आता है

ज़ुल्मत = अंधेरा
खल्क = भीड़, जनसमूह

57. जो उड़ाता है वो विश्वास बड़ा होता है

वक्त देता तो है, चालाक बड़ा होता है
जर्फ के संग संग सूराख बड़ा होता है

वो बड़ा है जो खुद के कदमों पे खड़ा होता है
कंधों पर चढ़ के कोई ख़ाक बड़ा होता है

सीख जाता है तिजारत के गुण छोटा बच्चा
सैकड़ा छोटा मगर लाख बड़ा होता है

अक्सर दिखते हैं मुक़द्दस और पाकीज़ा चेहरे
लेकिन छूना उन्हें नापाक बड़ा होता है

जैसे जैसे तू प्यारे चाँद बड़ा होता है
वैसे वैसे ही तेरा दाग बड़ा होता है

कौन कहता है की आकाश बड़ा होता है
जो उड़ाता है वो विश्वास बड़ा होता है

तू भले ही बड़ा सामान इकट्ठा कर ले
हर बड़ी चीज़ से हालात बड़ा होता है

तू गुमाँ में ना रह की पौधे को बड़ा करता है
बीज बोता रह वो अपने आप बड़ा होता है

जर्फ = बर्तन

58. आज आसमान में बस तारे नज़र आते हैं

चाँद रूठा हुआ बैठा है किसी कोने में
आज आसमान में बस तारे नज़र आते हैं

कौन है, इनमें जो दिन रात हवा भरता है
ये जो उड़ते हुए गुब्बारे नज़र आते हैं

चूम के चेहरा एक सहरा का क्या गया सावन
जिस तरफ़ देखो अब फ़व्वारे नज़र आते हैं

हमको गुरुद्वारे में मंदिर की शक्ल दिखती है
और मंदिर में भी गुरुद्वारे नज़र आते हैं

फ़क़त एक चेहरे के दीदार को तरसा बुड्ढा
पर वसीयत में बहुत सारे नज़र आते हैं

आप करते हैं जिस रोज़ सफ़ाई दिल की
उसी दिन शक्ल से भी प्यारे नज़र आते हैं

कोई संदेश नहीं ना कोई चिट्ठी पत्री
फिर गली में ये क्यों हरकारे नज़र आते हैं

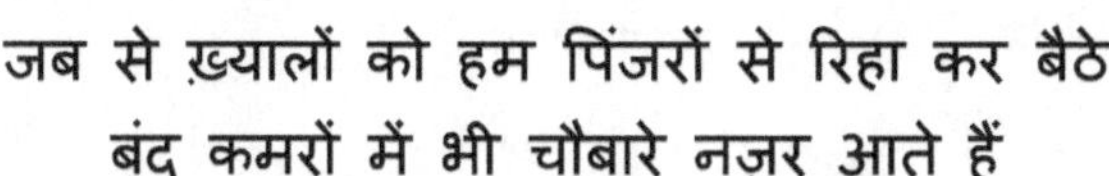

जब से ख़्यालों को हम पिंजरों से रिहा कर बैठे
बंद कमरों में भी चौबारे नज़र आते हैं

होंठ सिल जाते हैं बादशाह के भेजे दर्ज़ी
ग़र कहीं आँख में अंगारे नज़र आते हैं

59. सारथी रथ चलो वहाँ ले कर

जी रही हैं बहुत सूनी राहें
खुद में उम्मीद-ए-कारवाँ लेकर

मन में सहरा है, चला आए कोई
रूह को चूमती फ़िज़ा ले कर

लेने घायल की दुआ आया हूँ
उसके ज़ख्मों की मैं दवा ले कर

संग अपने मैं जो भी लाया था
गया हूँ उससे कई गुना ले कर

तूने पुतले में जान डाली है
थोड़ा पानी थोड़ी हवा ले कर

तेरे मंदिर में आ गया हूँ प्रभु
शीश अपना मैं ये नवा ले कर

युद्धभूमि बुला रही है मुझे
सारथी रथ चलो वहाँ ले कर

जीत कर दुश्मनों से आएँगे
साथ में हम नया जहाँ ले कर

60. क्या करोगे दिल बड़ा लेकर

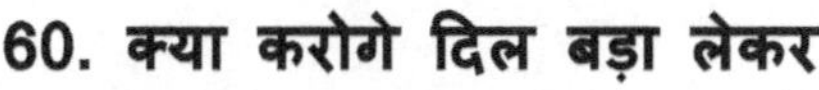

रोशनी बाँटने गए थे पर
आ गए हाथ हम जला ले कर

दूरियाँ बीच की मिटाने गए
लौटे हैं और फ़ासला ले कर

आज जो पास था मेरे उसको
जा चुका है अब आसमाँ ले कर

कल चली आना सहर फिर से तुम
एक सूरज नया उगा ले कर

तीरगी महफ़िलों में छायी है
तू चला आ दीये समाँ ले कर

मैं हूँ कश्ती, मुझे मिलना सागर
खुद का तूफ़ान तुम थमा ले कर

आजकल गागरें नहीं मिलतीं
जिनमें पूरा समा सके सागर

क्या करोगे तुम यहाँ दरिया,
दिल ये सीने में एक बड़ा लेकर

आसमाँ में भी मारामारी है
होड़ उस ठौर भी तो जारी है

टूट कर गिर गया कोई तारा
अपनी आँखों में कहकशां लेकर

61. ख़्यालों से मुझको विदा कर रहे हो

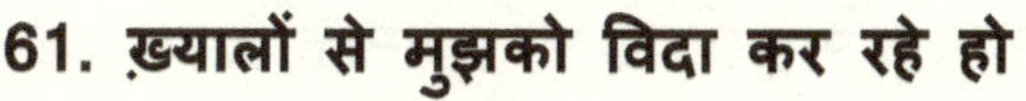

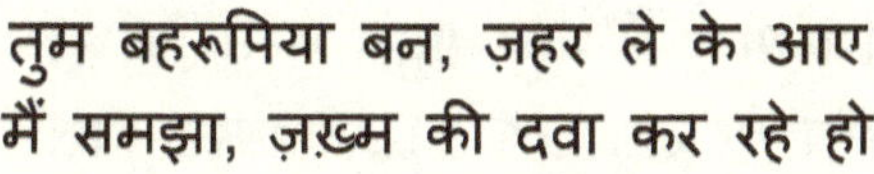

तुम बहरूपिया बन, ज़हर ले के आए
मैं समझा, ज़ख़्म की दवा कर रहे हो

निगाहों में है इशारा रवानगी का
लफ़्ज़ों से तुम मरहबा कर रहे हो

ज़हर पे तुम्हें अपने इतना यक़ीं है
ख़्यालों से मुझको विदा कर रहे हो

और साँसें उखड़ने से पहले ही तुम तो
मेरे शोक में ये सभा कर रहे हो

जो दस्तूर है वो निभाया है तुमने
किया बुझते दीये को पराया है तुमने

ख़ता है मेरी जो मैं ये सोचता हूँ
कि मेरे साथ तुम तो दगा कर रहे हो

मोहब्बत पे लाली चढ़ाने की ख़ातिर
तुम्हें ख़त लिखे मैंने अपने लहू से

जो दीदार तेरा हुआ तो ये पाया
जला कर उन्हें तुम धुआँ कर रहे हो

62. एक महासागर को नमनाक अश्क़ करता है

जोश बाज़ू में जो, बादल बरस के भरता है
मोर के संग संग दरख़्त रक़्स करता है

रूबरू हो कर भी तू जितनी बात करता है
उससे ज़्यादा तो बात तेरा अक्स करता है

सिर्फ़ छुरियाँ ही नहीं हैं मुरीद कातिल की
तू भी उसकी मदद रह कर तटस्थ करता है

सालों लगते हैं इमारत को बुलंदी के लिए
ज़लज़ला चंद ही लम्हों में ध्वस्त करता है

कोरे कागज़ का मैंने नाम रख दिया अर्ज़ी
और तू है बिना देखे निरस्त करता है

देख कर सूखी नदी को वो रो गया था कल
एक महासागर को नमनाक अश्क़ करता है

रश्क का नाम बदलकर चल मोहब्बत रख दें
तुझसे मैं और तू मुझसे जो रश्क करता है

हम तो खुद को यहाँ बर्बाद किए बैठे हैं
मेरे दुश्मन तू क्यों बेकार कष्ट करता है

दोनों भगवान हैं, दोनों ही पुज़ रहे हमसे
एक बनाता है जहाँ, दूजा नष्ट करता है

63. मैंने माँगी नहीं,
तू कम क्यों सजा करता है

इस तरह तू अपने रिश्ते में वफ़ा करता है
क़र्ज़ जैसे कोई किस्तों में अदा करता है

तू हर वक्त हर इल्ज़ाम वक्त पे ना लगा
वक्त थोड़े ही हर वक्त दगा करता है

अपने दुखड़े की सरेआम नुमाइश ना कर
तू तड़पता है, ज़माना ये मज़ा करता है

खोल बैठा है तू खाते सब उसी के आगे
तेरे नुक़सान में जो अपना नफ़ा करता है

तू समझता है तू पीता है शराबों को मगर
तुझको पीता है मयखाना, नशा करता है

कोई छुरी हो कोई तलवार पर वो बात नहीं
दिल पे जो वार हुस्न घूँघट में लजा करता है

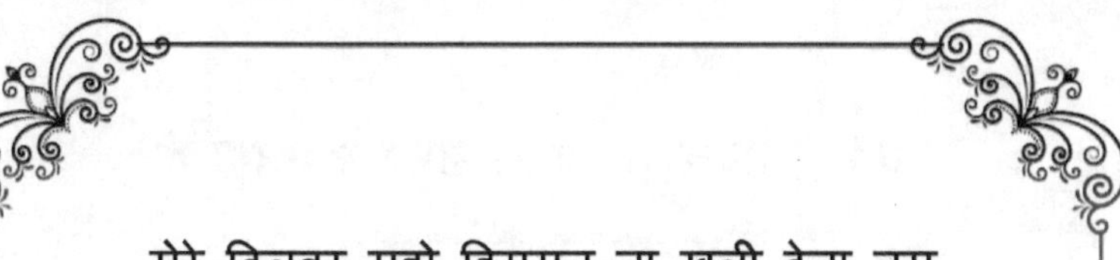

मेरे दिलबर मुझे हिरासत ना खुली देना तुम
मैंने माँगी नहीं, तू कम क्यों सजा करता है

तेरा दावा है कि पढ़ता है इबारत दिल पे
फिर क्यों ख्वाहिश मेरी औरों से पता करता है

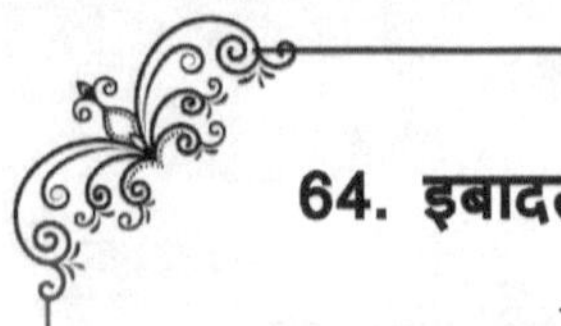

64. इबादत में तो मैं नफ़ा कर रहा हूँ

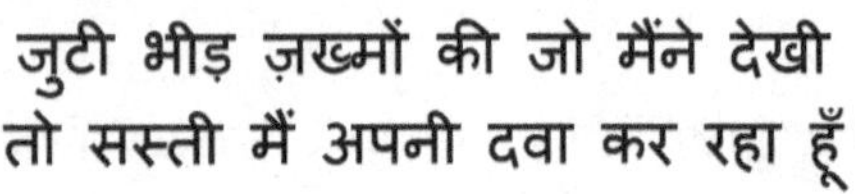

जुटी भीड़ ज़ख्मों की जो मैंने देखी
तो सस्ती मैं अपनी दवा कर रहा हूँ

तिजारत में नुक़सान है मुझको लेकिन
इबादत में तो मैं नफ़ा कर रहा हूँ

ख़ुदा जो रहा है पराया पराया,
उसे धीरे धीरे सगा कर रहा हूँ

जिन्हें उसने भेजा वहाँ से बना कर,
मैं बन्दों की ख़िदमत यहाँ कर रहा हूँ

मैं पूजा की थाली ले आया हूँ मंदिर,
प्रभु मैं तेरी अर्चना कर रहा हूँ

जो बोले वचन, वो निभाने की उनको
इसी वक्त से इब्तिदा कर रहा हूँ

मैं एक बूँद हूँ हैसियत में समुन्दर
मैं मिट कर भी तुझ को बड़ा कर रहा हूँ

नहीं सिर्फ़ कश्ती को मज़बूत, मैं तो
इरादा भी अपना कड़ा कर रहा हूँ

65. सर पे धर कर ग़रूर बैठे हो

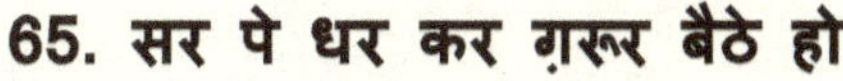

सारे मज़मों से दूर बैठे हो
क्यों ये तन्हा हुज़ूर बैठे हो

भरी महफ़िल में बेवफ़ाई की
तुम लगाए सिंदूर बैठे हो

तुम पर इल्ज़ाम धरा जाता है
सिर्फ़ आराम परस्ती का यहाँ

क्यों नहीं कोई ये समझता है
तुम वहाँ थक के चूर बैठे हो

हर दरख़्त है अब कुल्हाड़ी के तले
इतने ईमान चमन के फिसले

तुम बनाने को नया बाग़ीचा
खुद में ले कर फ़ितूर बैठे हो

बादशाह बिक गए बाज़ारों में
होड़ बिकने की है सितारों में

स्वार्थ की डोलियाँ उठानी हैं
अमीर-ओ-उमरा हैं सब कहारों में

और तुम हो की इस फ़क़ीरी का
सर पे धर कर गुरूर बैठे हो

66. कब्र में दफ़न शहीदों तक खबर जाती है

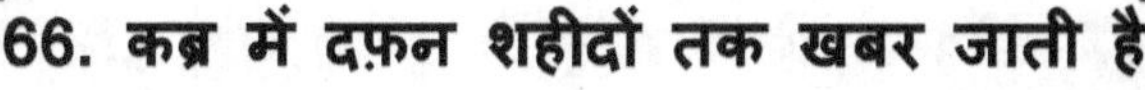

चंद फुलके किसी भूखे को मिल गए, इसकी
शहर के सारे नदीदों तक खबर जाती है

आग नज़दीक पहुँचती है जब उनके तब ही,
बेफ़िकर लेटे उन्नींदों तक खबर जाती है

मातृभूमि की हिफ़ाज़त में दलाली की हो बू
कब्र में दफ़न शहीदों तक खबर जाती है

कुर्सियाँ भूल गईं अपने किए सभी वादे
राह तकती हुईं उम्मीदों तक खबर जाती है

कुछ वक्त के लिए ताले हैं ख़ज़ाने के खुले
लूटने के लिए चुनिंदों तक खबर जाती है

कुल्हाड़ी हवस की, नशेमन पे चल गई उनके
एक सदा ले के परिंदों तक खबर जाती है

67. भीड़ महफ़िल में है, कोहराम बड़ा होता है

चीज़ मामूली मगर दाम बड़ा होता है
जुर्म छोटा मेरा, इल्ज़ाम बड़ा होता है

मुझको ख़्वाबों में नज़र आती है मजलिस ऐसी
शोर कम होता है पर काम बड़ा होता है

हो सियासत की या फिर बात नौकरशाही की
कुर्सियों के लिए संग्राम बड़ा होता है

खामोशियों की भी अपनी एक ज़ुबाँ होती है
बोल कुछ भी नहीं, पैग़ाम बड़ा होता है

कहता है एक पसीने से तरबतर मज़दूर
पेड़ की छाँव में आराम बड़ा होता है

दिल में पौधा लगा लिया है तेरी चाहत का
देखता हूँ उसे, हर शाम बड़ा होता है

चल कहीं बैठ कर तन्हाई में बातें होंगीं
भीड़ महफ़िल में है, कोहराम बड़ा होता है

जो बसा है हरेक माँ के कमल चरणों में
चार धामों से भी वो धाम बड़ा होता है

68. क़ाफ़िले जैसा नज़र आता है

झुंड तनहाईयों का दूरी से
क़ाफ़िले जैसा नज़र आता है

लम्हों लम्हों में शिकस्ता है जो
सिलसिले जैसा नज़र आता है

भ्रम ज़रूरी है और ज़रूरी ज़्यादा
है इसी भ्रम को बनाए रखना

अपने भीतर से धराशायी मन,
बाहर किले जैसा नज़र आता है

वो जो मिलता है मुझे महफ़िल में
अपना लगता है मुझे मुश्किल में

चंद पल बाद ही लेहजा उसका
बिन मिले जैसा नज़र आता है

मुस्कुराहट ने अपने पहलू में
तल्खियों को क्या पनाहें दीं हैं

वो जो पढ़ते हैं क़सीदा भी, हमें
एक गिले जैसा नज़र आता है

69. बन के गीदड़ जाँबाज़ रहते हैं

खुद पे कुछ करके नाज़ रहते हैं
हम भी अब खुशमिज़ाज रहते हैं

किसको परवाह है जमाने की
अपने सौ काम काज रहते हैं

कुछ तो मिट जाते हैं धीरे धीरे
कुछ सदा ला-इलाज रहते हैं

उनको मरहम नहीं नसीब होता
दर्द जो बे-आवाज़ रहते हैं

तख़्त पलटे हुए हैं फिर भी लोग
सर पे पहने क्यों ताज रहते हैं

दिल टटोले तो पाया ज़्यादातर
उनमें रस्म-ओ-रिवाज रहते हैं

मुझको पिंजरे सा कुछ दिखा कर वो
करके सरगोशी साफ़ बोल गया

शेर जब जब है क़ैद में अपनी
बन के गीदड़ जाँबाज़ रहते हैं

70. आप जब भी मिले, पानी में बुलबुले से मिले

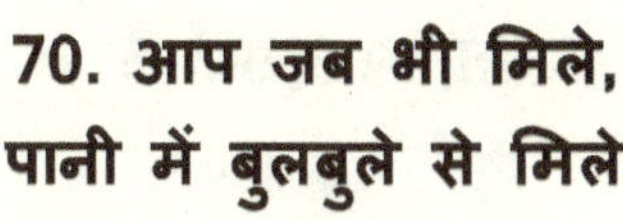

रोज़ मिल कर भी हमें आप ना मिले से मिले
आप जब भी मिले, पानी में बुलबुले से मिले

दौर-ए-मर्ज़ चल रहा है अभी दुनिया में
बा वजह आप तो दो गज के फ़ासले से मिले

और कितने दिनों तक कोहनियाँ मिलाएँगे
मुद्दत हो गयीं हैं आप से गले से मिले

ज़िन्दगी की तपिश ने उनको कर दिया है मलिन
गोरे गोरे थे सनम, आज सांवले से मिले

किसने पिंजरे में बहारों को क़ैद रखा है
फूल कम कम खिले, पत्ते जले जले से मिले

आज पहली दफ़ा, धरती के देख कर आँसू
चाँद सूरज भी आसमान में हिले से मिले

हालिया कुछ तो क़हर बरपा है इस बस्ती में
घाव हर शख़्स के सीने में कुछ छिले से मिले

71. क्यों दरख़्त ढेर बुरादों के नज़र आते हैं

जब निहारता हूँ मैं अश्कों को हथेली पर रख
बुलबुले आपकी यादों के नज़र आते हैं

बदलो आबोहवा हवा, बीमार हैं यहाँ के दरख़्त
ये तो बस ढेर बुरादों के नज़र आते हैं

मुझको वायदे कभी देना तो ऐसे देना
जिसमें कलपुर्ज़े इरादों के नज़र आते हैं

नाम जिसको दिया गया है अम्न का पौधा
उसमें तो बीज फ़सादों के नज़र आते हैं

आप कमजोर ही रहे हैं जब से देखा है
वजन ज़्यादा तो लबादों के नज़र आते हैं

आपका क़र्ज़ तो कोई मेरे खातों में नहीं
फिर क्यों तेवर ये तगादों के नज़र आते हैं

इस खियाबाँ में क्यों ख़ुशबू ना हवाओं में है
फूल तो सारे गुलाबों के नज़र आते हैं

मौज कहती है कभी मेरे भी बनकर देखो
आप तो बस अपनी नावों के नज़र आते हैं

72. चल यूँ ही खामखा रो लेते हैं

चल यूँ ही खामखा रो लेते हैं
खुश्क आँखों को भिगो लेते हैं

कब सरक जाए बंद मुट्ठी से
ज़िन्दगी कुछ तेरा हो लेते हैं

माना प्यासी है तू ज़मीं कब से
माँगती है तू कुछ नमी कब से

लेकिन इन बादलों के टुकड़ों से
पहले आसमान को धो लेते हैं

एक नई बनती इमारत की तरह
थोड़ी ऊँचाई हमें मिलती है

बदले में लेकिन धरातल अपना
थोड़ा थोड़ा सा हम खो लेते हैं

इस कदर हुई है मोहब्बत तुम से
माँगते भी नहीं इजाज़त तुमसे

भूल जाते हो तुम नश्तर अपना
हम उसे खुद ही चुभो लेते हैं

तय, हवाओं के रुख़ से होना है
आज अंजाम-ए-कश्ती क्या होगा

उसको हासिल एक किनारा होगा
या फिर तूफ़ान डुबो लेते हैं

73. ज़ख़्म पर हमशकल से लगते हैं

एक दूजे से हैं जुदा चेहरे
ज़ख़्म पर हमशकल से लगते हैं

ज़िन्दगी दौड़ हो गई तो फिर
घर भी कुछ अस्तबल से लगते हैं

उनके दर से जब चलने लगता हूँ
वो मुझे रोकते नहीं बिल्कुल

मुस्कुरा कर विदाई देते हैं
लेकिन नैना सजल से लगते हैं

बेरुख़ी देख कर जमाने की
मन जो हो जाते हैं पत्थर जैसे

छू कर देखा है कई बार उन्हें
वोही पत्थर तरल से लगते हैं

एक वीरान महल बोल उठा
सुन के हलचल सी कुछ दरख़्तों पर

घोंसले जिन में बस गए पंछी
मुझको असली महल से लगते हैं

74. और इनामात सब दवा ले गई

गुफ़्तगू तुमसे चंद लम्हों की
दर्द सालों के संग बहा ले गई

मन था पत्थर सा, हो गया तिनका
और उड़ा के उसे हवा ले गई

कोई मौक़ापरस्त हो जैसे
वो उठा उसका फ़ायदा ले गई

काम सारा किसी दुआ ने किया
और इनामात सब दवा ले गई

उम्र भर की खामोशियों का क़र्ज़,
करके पूरा ही वो अदा ले गई

मुझको चुम्बक सा खींचकर जैसे
पास तेरे तेरी सदा ले गई

75. जन्नत से, काग़ज़ों पर, ग़ज़लें उतर रही हैं

शायर की बंद पलकें एक ख़्वाब गढ़ रही हैं
जन्नत से काग़ज़ों पर ग़ज़लें उतर रही हैं

कुछ आ गईं जमीं पर और शब्द बन गई हैं
कुछ आसमान में हैं, मन में विचर रही हैं

जो हैं नई नई सी, इतरा रही हैं खुद पर
जो हो गईं पुरानी, फिर से संवर रही हैं

कुछ मौन हैं और उनमें कड़वाहटें भरी हैं
कुछ खिलखिला रही हैं और बात कर रही हैं

कुछ प्रेम में पगी हैं और नृत्य में लगी हैं
कुछ सरफ़रोश हैं और हुंकार भर रहीं हैं

जब जब हुकूमतों ने आवाज़ को है कुचला
शायर डरे डरे थे, ग़ज़लें निडर रही हैं

इतना हसीन मंजर ये कह बयाँ करूँ मैं
ग़ज़लों का रूप धर कर परियाँ उतर रही हैं

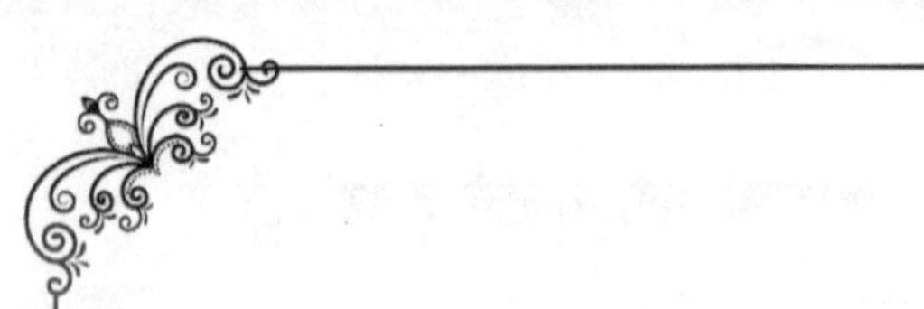

पूछते हो क्यों तुम मुझसे मेरे ख़्वाबों की शक्ल
याद रखता नहीं समुन्दर कोई, हबाबों की शक्ल

76. घोंसलों में भी तो 'घर' रहता है

इश्क़ हो जाता है सुनते सुनते
उसकी बातों में हुनर रहता है

चाँदनी रात में महबूब मेरा
बन कर एक रश्क-ए-कमर रहता है

कश्ती सारे प्रयास करती है
अपने साहिल से छूट जाने का

दौड़ जाती है वो मझधार तरफ़
जहां पहले से भँवर रहता है

उसको ना पाऊँ तो ये बेचैनी,
ये खलिश ख़त्म ही नहीं होती

और पा जाऊँ तो हमेशा ही
उसको खो देने का डर रहता है

एक वीरान महल की नज़रें
हट नहीं पाती हैं दरख़्तों से

आह भर भर के मुझे बोला वो
घोंसलों में भी तो 'घर' रहता है

77. फ़ौजी ने सर कटाया, ग़द्दारों से कह दिया

कहना था जिसे एक को, हज़ारों से कह दिया
जो चाँद पे लिखा था, सितारों से कह दिया

बेहतर सबक़ मुझे तो ख़िज़ाँओं ने दिए हैं
दो टूक एक शजर ने बहारों से कह दिया

हम रूह को, गुलाब की, छूकर चले गए
भँवरे ने मेरे सामने ख़ारों से कह दिया

कहने को जब हमें मुनासिब लफ़्ज़ ना मिले
हमने हमारा हाल इशारों से कह दिया

पन्ने पलट पलट कर ख़ुदा मिल नहीं सकता
फ़ाज़िल ने हो मायूस गँवारो से कह दिया

पगड़ी को बेच कर मैं बका ले नहीं सकता
फ़ौजी ने सर कटाया, ग़द्दारों से कह दिया

ख़िज़ाँ = पतझड़
खारे = काँटे
बका = अनश्वरता
शजर=दरख़्त

78. ख़ुदा छोड़े सुरागों में नज़र आता है

वो ही सूरज, वो चिराग़ों में नज़र आता है
वस्त्र पूरा हमें धागों में नज़र आता है

हम जो कायनात को क़रीब से अगर देखें
तो ख़ुदा छोड़े सुरागों में नज़र आता है

काम सृष्टा का सृजन पर ही नहीं थमता है
जारी है बाद सृजन के, वो उसकी ममता है

अपने हाथों से बनाया है इन्हें जिस रब ने
वो ही माली बन उन बागों में नज़र आता है

नए परिधान, नए रूप उसे भाते हैं
मंदिरों में उसके श्रिंगार किए जाते हैं

कहीं होठों पे सजाए हुए वो बाँसुरिया
कहीं लिपटे हुए, नागों में नज़र आता है

79. रोज़ निकलेंगे पर गुनाहों के

रहजनों के नक़ाब उठाओ तो
चेहरे मिलते हैं रहनुमाओं के

आप जब तक तटस्थ हैं तब तक
रोज़ निकलेंगे पर गुनाहों के

क़त्ल होता रहेगा न्याय यूँही
ख़त्म होगा ना ये अध्याय कभी

जब तक गूँगी पड़ी ज़ुबानों से
स्वर ना फूटेंगे गर्जनाओं के

ना तो मंदिर के, ना ही मस्जिद के
सच कहूँ मैं तो नाम पर इनके

पर्व मन जाते हैं श्मसानो के
और त्योहार कब्रगाहों के

सच सुना जब की सूनी राहों पर
तुम सदा गुमशुदा हो रहते हो

राह बेनाम एक चुन ली मैंने
छोड़ दामन मशहूर राहों के

80. क्यों ये वैराग्य गुलाबों में नज़र आता है

हसरतें वो जो बिछड़ जाती हैं बरसों पहले
उनका चेहरा कभी ख़्वाबों में नज़र आता है

क़र्ज़ उतना भी नहीं है मेरी जिंद पे तेरा
जितना वो तेरे हिसाबों में नज़र आता है

ओ चमन बैठ के तू पास मेरे ये तो बता
क्यों ये वैराग्य गुलाबों में नज़र आता है

या तो मझधार तरफ़ जा या किनारे की तरफ़
क्यों तेरा पैर दो नावों में नजर आता है

कोशिशें जितनी भी तू ख़ुद को छुपाने की कर
तेरा चेहरा इन नक़ाबों में नज़र आता हैं

क्यों अमल में नहीं आता वो उसी सूरत में
जैसा क़ानून किताबों में नज़र आता है

81. घर मंदिर हो जाता है

भीतर का झंझावात है जो
बाहर ज़ाहिर हो जाता है

भूचाल सभी थम जाते हैं
जब मन स्थिर हो जाता है

कुछ दिन ऐसे भी होते हैं
जब मैं नहीं जाता मंदिर में

जब माँ मेरे घर आती है
तो घर मंदिर हो जाता है

हंडिया लटकी हो माखन की
तब देखो चमक उन आंखन की

एक छोटा सा बच्चा था, वो
कान्हा शातिर हो जाता है

पंज वक्त नमाज़ी मौलाना
जिस दिल को बनाये बैठा हूँ

तेरा अक्स दिखे ग़र मूरत में
तो ये काफिर हो जाता है

82. समुन्दर

तेरी आँखों में आबशार नहीं, शर्तिया समुन्दर है
दो किनारे हैं मैं और तुम, दरमियाँ समुन्दर है

एक कश्ती ने नाख़ुदा से ये सवाल किया
मौत साहिल है या कोई दूसरा समुन्दर है

एक समुन्दर की, मौज़ों ने चुग़लियाँ की हैं
बच के रहना ये बड़ा सिरफिरा समुन्दर है

होकर पुरजोश, आज उस से कह गई कश्ती
क्या तू मेरे जुनून से बड़ा समुन्दर है

एक नदी नींद में ये ख़्वाब देखती है सदा
ख़ैर-मक्दम के लिए खुद खड़ा समुन्दर है

गुल ये सारे मुझे मौज़ों से नज़र आते हैं
तू चमन है कोई या एक हरा समुन्दर है

तुझसे तूफ़ान या मझधार ही मिले हैं मुझे
कैसे कह दूँ की तू ही मेरा समुन्दर है

83. जिसका नाम है दिल्ली, वहाँ दरबार रहता है

वो बोले उस शहर में मुल्क का सरदार रहता है
मैं बोला उस शहर में मेरा सच्चा प्यार रहता है

गले लगना खुद ही से हो नहीं पाता कभी मुमकिन
आईना बीच में बन कर सदा दीवार रहता है

ज़रूरत वक्त थोड़ा सा जुटाने की तो तुम को है
मेरे दामन में तो सातों ही दिन इतवार रहता है

कभी ख़ुदगर्ज़ बाशिंदों को मैं समझा नहीं पाया
जहां कर्तव्य रहता है, वहीं अधिकार रहता है

नुमाइश महफ़िलों की यूँ तो देखो हर शहर में है
जिसका नाम है दिल्ली, वहाँ दरबार रहता है

तू बुलबुल है, तुझे सय्याद डर बन कर डराता है
तेरे पिंजरे के बाहर शेर एक खूँखार रहता है

अंधेरों ने गुज़ारिश की दीये सारे बुझाने की
वो कहते हैं कि उनके घर भी तो त्योहार रहता है

84. किसी बुत में नहीं मौजू वो ज़िन्दगी में मिला

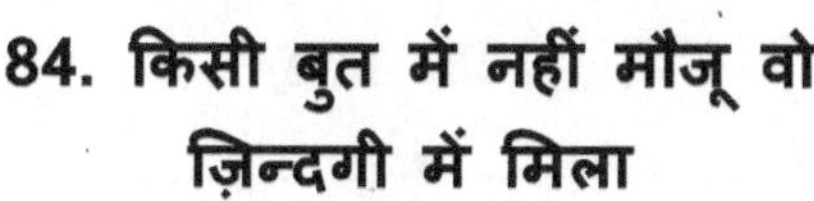

पुर्ज़ा पुर्ज़ा कर हर मशीन को देखा मैंने
सिर्फ़ इंसाँ के सिवा, दिल नहीं किसी में मिला

पूरे आकाश में मैं ढूँढता रहा जिसको
वोही बादल मुझे बरसा पड़ा ज़मीं में मिला

उससे पुरनूर सितारा किसी कहकशॉं में ना था
जैसा बिंदिया बना दिलबर के महजबीं में मिला

जिस ख़ुदा को मैंने मंदिर में तलाशा है सदा
किसी बुत में नहीं मौजू वो ज़िन्दगी में मिला

सोलह श्रिंगार पड़ गए फीके
जो जमाल उनकी सादगी में मिला

हर कहानी में जो जन्नत का देवता है कोई
उस फ़रिश्ते का वजू हमको आदमी में मिला

मेरी दौलत में नहीं, ना ही मेरी शोहरत में
दोस्त सच्चा मेरा मुझको मेरी कमी में मिला

85. दिल

जादू सीखा है दिल कहाँ जो धड़कता तू है
सालिम पोशाक के भीतर तो शिकस्ता तू है

अपनी क़ीमत का तू अन्दाज़ लगा ले ज़ालिम
रोज़ टूटेगा तो बोलेंगे सब की सस्ता तू है

आलिम फ़ाज़िल को मगज में ही मगन रहने दे
ग़र खुदाया ही है मंज़िल तो बस रस्ता तू है

अश्क़ बहते तो हैं आँखों से पर रोता तू है
ज़रिया चेहरे को बनाकर कभी हँसता तू है

जिस्म सट जाने से कुर्बत नहीं हासिल होती
एक दूजे से जब तलक ना वाबस्ता तू है

हम से सरगोशी कर एक मोर बुदबुदाया है
नाम सावन का है पर सच में बरसता तू है

हर वक़्त काम सिर्फ़ काम, सिर्फ़ काम में तू
क्या कभी ऐसा भी होता है, अलसता तू है

शिकस्ता = टूटा हुआ
कुर्बत = नज़दीकी

86. ज़ख़्मी है बुलबुल, सय्याद दवा करता है

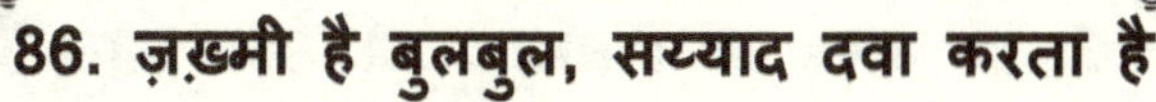

किसी जंगल में एक मंजर कभी ऐसा भी दिखा
ज़ख़्मी है बुलबुल, सय्याद दवा करता है

पंछियों से आबाद एक नशेमन मुफ़लिस
सूने महलों को बहुत रश्कज़दा करता है

फ़र्क़ तो हद और हैसियत का है
काम सूरज जो करे वो ही दीया करता है

इस तरह तू मुझे अपने से जुदा करता है
जैसे बुलबुल को कोई पिंजरे से रिहा करता है

जो नज़र आता था फ़ौलाद सा सालिम जिंद भर
चंद लम्हों में ही श्मसान धुआँ करता है

एक मिट्टी का खिलौना इतरा
जाने किस शै पे दिन रात गुमाँ करता है

87. हर जगह जाल तालाबों में नज़र आते हैं

जब भी झांका है कलेजे में तेरे चोरी से
सारे जज़्बात हिजाबों में नज़र आते हैं

उससे कहते हो कि तू खुद में नशा पैदा कर
जिसको शैतान शराबों में नज़र आते हैं

जिनको माँगा था मैंने ठहरे हुए पानी की तरह
वो मुझे सिर्फ़ हबाबों में नज़र आते हैं

संग रहते हो मेरे, एक ही छत के नीचे
फिर भी क्यों आप सराबों में नज़र आते हैं

इतना गिरते हैं हुकूमत के दो कदमों में जनाब
कि गिर गिर कर जुराबों में नज़र आते हैं

मछलियाँ पूछती रहती हैं कहाँ जाएँ वो
हर जगह जाल तालाबों में नज़र आते हैं

खूबसूरत लिबास अक्सर अपनी तन्हाई में
तिनका तिनका हुए धागों में नजर आते हैं

कल तक रहते थे बाहों में नवाबों की जो
उनके सर आज मेरे कांधों में नज़र आते हैं

कोई पतंग मेरी कटती ही नहीं है ग़र जो
दोस्त मेरे मुझे माँझों में नज़र आते हैं

हबाब = बुलबुले
सराब = मरीचिका

88. कम से कम साये को अपने से सटा कर तो चलो

रास्ता सख़्त है पर गुजरेगा बेमुश्किल ही
मेरे कदमों से कदम अपने मिला कर तो चलो

जब भी देखूँ तुम्हें, संजीदा नज़र आते हो
चंद लम्हात ही सही, खिलखिला कर तो चलो

एक चट्टान जो राहों में अड़ी बैठी है
सुन कन्हैया उसे उँगली पे उठा कर तो चलो

ठोकरें राह की मायूस नज़र आएँगी
आप पर्दों को निगाहों से हटा कर तो चलो

इंतिहा तन्हापसंदी की इस कदर क्यों है
कम से कम साये को अपने से सटा कर तो चलो

क्यों दरख़्तों में भी रहजन तुम्हें आता है नज़र
आप थोड़ा सा वहम अपना घटा कर तो चलो

89. पर छुरी ने ही मेरे हक़ में गवाही दे दी

पर्दे नज़रों पे थे, ताले थे ज़बानों पे सभी
पर छुरी ने ही मेरे हक़ में गवाही दे दी

या खुदा कम से कम इतना तो बता दो हमको
कौन आबाद हुआ जो हमको तबाही दे दी

किसने क्या माँगा, सरकार ने देखा ही नहीं
प्यास आँगन की थी, दरिया को सुराही दे दी

एक शायर को जब आदाब किया था मैंने
उसने हाथों पे मेरे लिख के रुबाई दे दी

बात करता नहीं जुल्मी को सजा देने की
जब से उसने मेरे ज़ख्मों को सिलाई दे दी

मेरे कहने से तो पत्ता भी नहीं हिलता है
सिर्फ़ कागज़ पे मेरे नाम खुदाई दे दी

यार अब जाने भी दो और ख़त्म करो ये झगड़ा
तुमने माँगी थी जो वो मैंने सफ़ाई दे दी

कोरे कागज़ को ख़ुदा ने कल लिखाई दे दी
मैंने कंगन दिया, दिलबर ने कलाई दे दी

90. उजाले कैसे बाँटोगे तुम एक सूरज ढला हो कर

तुम्हें उगना पड़ेगा एक दिन फिर से नया हो कर
उजाले कैसे बाँटोगे तुम एक सूरज ढला हो कर

कोई बुलबुल किसी एहसास में एक जाल से बोली
कभी महसूस करना तुम सुकून एक घोंसला हो कर

समुन्दर दूर तक फैला हुआ हर ओर दिखता है
किसी ने तो उसे थामे रखा है एक तला हो कर

नज़र के सामने तुम आहिस्ता कदमों से गुज़रो तो
हरेक मुरझाया हुआ गुल, निकल आए खिला हो कर

हुआ जिसका भी मेरा मन उसी ने बोझ लादे हैं
बड़ा हल्का लगे है अब ये मुझको एकला हो कर

उम्र भर दूर था बादल का टुकड़ा आसमाँ में जो
ख़त्म हो गए तो उसको छू लिया हमने धुआँ हो कर

91. किसी गुलाब में वैसी निकहत नहीं होती

हर बशर में एक ख़ुदा का ही अक्स होती है
रूह की अपनी अलग से सिफ़त नहीं होती

जिस पे कम है तू उसे हम से काट कर दे दे
ज़िन्दगी हम से तो पूरी खपत नहीं होती

हम भी बाज़ार में बिकने की रजा दे देते
तो हुकूमत हम पे इतनी सखत नहीं होती

बिन गुज़ारिश जिसे तकसीम किया जाता है
ऐसी इमदाद की ज़्यादा क़ीमत नहीं होती

तब तक तामीर अधूरी है हरेक
जब तक फ़ुटपाथ के ऊपर भी छत नहीं होती

जो बसर करती है दिलबर की गरम साँसों में
किसी गुलाब में वैसी निकहत नहीं होती

उम्र हर रोज़ बिना नागा बढ़ रही है मगर
ज़िन्दगी में मुनासबत बढ़त नहीं होती

निकहत = ख़ुशबू
सिफ़त = गुण
इमदाद = मदद
तामीर = भवन निर्माण
मुनासबत = अनुपात में

92. दिशा मिलती नहीं तेरी

हज़ारों साल से विज्ञान बनकर ढूँढता हूँ मैं,
मैं जंगल छानता हूँ पर गुफा मिलती नहीं तेरी

ख़ुदाया जुस्तजू तेरी हो जैसे मर्ज़ लाइलाज
जड़ी बूटी हैं लाखों, पर दवा मिलती नहीं तेरी

हमें मौसम दिए तूने, फ़िज़ाएं मस्त दीं हमको,
मगर चंचल, बता दे क्यों, हवा मिलती नहीं तेरी

मैं 'गीता' नाम से, जो छप गए, वो हर्फ़ पढ़ता हूँ,
क्यों फिर आकाशवाणी बन, सदा मिलती नहीं तेरी

मेरी कम्पास नभ का हर सितारा खोज लेती है,
ये पातालों में भी घुस कर हर नजारा खोज लेती है

मैं लट्टू सा इसे दिन भर घुमा कर हाँफ जाता हूँ,
मगर इसको ना जाने क्यों दिशा मिलती नहीं तेरी

93. पंछी में राम देखे, हनुमान हो गए हम

ये बोलती है दुनिया हम लुट के चले आए
तनिक ज़िन्दगी के बदले आधी उमर दे आए

वो अपने कफ़स में से शबनम को ताकते थे
करके उसे इकट्ठा, मुट्ठी में भर दे आए

महीनों गुजर गए पर कोई राब्ता नहीं था
उनकी नहीं मिली तो अपनी खबर दे आए

जिस रहगुज़र से हमको मंज़िल मिली हमेशा
उस रहगुज़र को भी हम एक रहगुज़र दे आए

अब तो कोई शिकायत सरकार को ना होगी
लागू नहीं था जिस पर उस शै पे कर दे आए

आँखों में उनकी पानी होता ख़त्म दिखा तो
अपने यहाँ से उनको मटके में भर दे आए

सुनवाई के लिए एक आवाज़ है ज़रूरी
एक मौन वेदना को समझा के स्वर दे आए

पंछी में राम देखे, हनुमान हो गए हम
माँगा था घोंसला, हम पूरा शजर दे आए

शजर = पेड़

94. ज़ख़्म देता है दावत-ए-जश्न

ज़ख़्म दे कर गया है दावत-ए-जश्न
बोला, नासूर बन गया हूँ मैं

दर्द, मरहम को तिलक कर बोला
अब एक दस्तूर बन गया हूँ मैं

एक नया मर्ज़ चीख कर ये कहे
जल्दी मशहूर बन गया हूँ मैं

जिस्म, सब बोझ उठा, कहता है
बस एक मज़दूर बन गया हूँ मैं

जिसको देखो, है मालिक-ए-मर्ज़ी
और मजबूर बन गया हूँ मैं

तख़्त-ए-ताऊस पर खड़ा होकर
एक कंकड़ आवाज़ देता है

रोशनी में मेरी नहा जाओ
अब तो कोह-ए-नूर बन गया हूँ मैं

95. मुझे जिस्म में मत ढूँढो, मैं रूह में शामिल हूँ

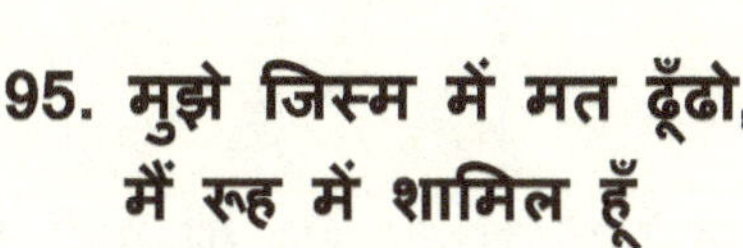

हर रोज़ बाज़ारों में मेरा दाम पूछते हो
मैं अपने प्रेमियों को तो मुफ़्त में हासिल हूँ

मेरी जुस्तजू में तुम तो भटके हो सहरा सहरा
मुझे जिस्म में ना ढूँढो, मैं रूह में शामिल हूँ

दयार-ए-कब्र में भी नहीं छोड़ता धड़कना
थमता कभी नहीं जो, मैं आशिक़ों का दिल हूँ

जो तुम समेट बैठे वो मेरे नहीं हैं टुकड़े
मैं हूँ अभी मुकम्मल, मैं अब तलक कामिल हूँ

मंजर हैं समुन्दर में तूफ़ान-ओ-तबाही के
बर्बाद सफ़ीने आ, मैं ही तेरा साहिल हूँ

मैं एक पहेली हूँ जो हर रोज़ बदलती है
सब के लिए आसाँ हूँ, खुद के लिए मुश्किल हूँ

वो कौन है, तुर्बत पे जो फूल चढ़ाता है
पूछो तो ये कहता है, मैं ही तेरा कातिल हूँ

राहजन मुझे समझ कर थर थर क्यों कांपता है
मैं भी था एक मुसाफ़िर, लूटा गया बिसमिल हूँ

चल आज मिल के हम तुम एक ख़्वाब देखते हैं
तुम हो गए सितारे, मैं आपकी झिलमिल हूँ

तुर्बत = कब्र

96. कारवाँ मिलता नहीं कोई

उड़ी है धूल, लेकिन कारवाँ मिलता नहीं कोई
मुसाफ़िर मुझको राहों में थमा मिलता नहीं कोई

बड़ी तेज़ी से बूढ़े हो गए क़िस्से मेरे तेरे
कोई बच्चा नहीं मिलता, जवाँ मिलता नहीं कोई

जमीं को देख कर चिंता में, एक दिन आसमाँ बोला
ना जिस पर दाग हो वो चंद्रमा मिलता नहीं कोई

लगाया हो जो तूने धन, तो थोड़ा सब्र भी करना
सुबह से शाम तक हो दोगुना मिलता नहीं कोई

दुआ देकर वो बाबा कह गया, शंका मेरी सुन कर
मेरे हाथों से बच्चे, झुनझुना मिलता नहीं कोई

तू है भगवान, तुझको लूटना चाहते हैं सब लेकिन
तुझे लाया हो मेहनत कर कमा, मिलता नहीं कोई

97. बाट जोह रहे हैं पंछी मेरी, दाने के लिए

जब भी कश्ती उतारता हूँ मैं समुन्दर में
मौजें ज़िद करती हैं कोई नज़्म सुनाने के लिए

रश्क होता है समुन्दर को मेरी क़िस्मत से
होड़ लगती है मेरी बाँहों में आने के लिए

ज़िन्दगी है जो तेरी 'ना' को सहन करती है
मौत मौक़ा नहीं देती है बहाने के लिए

दे कलम, अपनी कहानी खुद लिखूँगा मैं अब
नई मानूँगा बस किरदार निभाने के लिए

जो भी रखता हूँ, मैं बस एक ही शै रखता हूँ
जो है खाने के लिए, वो ही दिखाने के लिए

मेरा ईमान है मेरे लिए तमग़े की तरह
मैं खिलौने नहीं लाता हूँ सजाने के लिए

आप तो रहते हैं भरपेट, मुझे जाने दें
बाट जोह रहे हैं पंछी मेरी, दाने के लिए

शब्द कुछ मेरे हैं, कुछ आपसे लेने हैं मुझे
मुझको संगम की ज़रूरत है तराने के लिए

98. मुझको 'तह' करके चले जाते हैं

जंग बरसों से चल रही थी मगर
वो सुलह कर के चले जाते हैं

डाल देते हैं वो हथियार मगर
दिल फ़तह कर के चले जाते हैं

अपने हाथों से एक काग़ज़ पर
खुद को लाए थे वो पूरा लिखकर

पर मिले तो पढ़ गए 'मुझ' को
और 'मुझे' कह कर के चले जाते हैं

आंसुओं की जो बन गई धारा
ले वो सारी जलन गई धारा

ज़िन्दगी भर के सब गिले शिकवे
उसमें बह कर के चले जाते हैं

करवटों ने बिगाड़ दी चादर
एक साबुत मकाँ में टूटा घर

बिखरनों को वो अपने हाथों से
जैसे तह करके चले जाते हैं

99. बुलबुल के इश्क़ में हुआ सय्याद परेशान

लेनी थी जिसकी जान, वो होने लगी है जान
बुलबुल के इश्क़ में हुआ सय्याद परेशान

ज़िन्दा भी परेशान हैं, मर कर भी परेशान
क़ैदी भी परेशान हैं, आज़ाद परेशान

मैयत में भी चर्चाएँ तिजारत की बारहा
सब थे वहाँ मशगूल, एक आध परेशान

ऐसा भी वाकिआ एक किसी ग्रंथ में पढ़ा
चेला हुआ धनुर्धर तो उस्ताद परेशान

एक ऐसे मर्ज़ से यहाँ पाला पड़ा सबका
बर्बाद परेशान हैं, आबाद परेशान

अब तो करा दो नैया ये पार खुदाया
इन्सान है तुम्हारी औलाद, परेशान

तूने कभी भी मुझको तकलीफ़ नहीं दी
करती है फिर मुझे क्यों तेरी याद परेशान

मसरूफ हैं तो दिन भर कैसे सुनें उन्हें
हम हो गए हैं उनको दे दाद, परेशान

100. चली आ मौत तुझको भी समझ लेंगे कि निंदिया है

चली आ मौत तुझको भी समझ लेंगे कि निंदिया है
मेरे ही नाम की तो ये तेरे माथे पे बिंदिया है

अदम तक हमसफ़र हम तुम रहेंगे इस तरह जैसे
की मेरे साथ सजनी है और तेरे संग संवरिया है

रिहा पिंजरे से कर के हम उसे तोहफ़ा थमा देंगे
की उड़ जा रूह तू फिर से हुई आज़ाद चिड़िया है

जमाने, ग़म तेरे चेहरे पे है बस रस्म भरपाई
हमें मालूम है भीतर से तेरा हाल बढ़िया है

कम से कम अब तो हमको ये सुकूं हासिल ज़रूर होगा
ख़ुदा के घर तो दामन में मेरे नई एक दुनिया है

101. तसव्वुर

तस्वीर-ए-कायनात का रखना था एक नाम
मैंने रखा ख़ुदा का ए'जाज-ए-तसव्वुर

निकला नहीं कभी भी मगज से मैकदा
पीते रहे सदा हम शराब-ए-तसव्वुर

मैं वालिद-ए-सदहा हूँ, करता हूँ परवरिश
मेरी ग़ज़ल हैं मेरी औलाद-ए-तसव्वुर

हर चीज़ बा सबब है, हर शै है बा वजह
होता नहीं है कोई अस्बाब-ए-तसव्वुर

फेंका है मैंने कंकड़ जब से उछाल कर
हलचल में लग रहा है तालाब-ए-तसव्वुर

कागज़ पे उतर आया हो जैसे फलक से
बहने के लिए दरिया बन आब-ए-तसव्वुर

ए'जाज = चमत्कार
तसव्वुर = कल्पना
सदहा = सैकड़ों
अस्बाब = कारण
आब = पानी

102. टूट कर तुझ में से ये फ़र्श पर गिरा क्या है

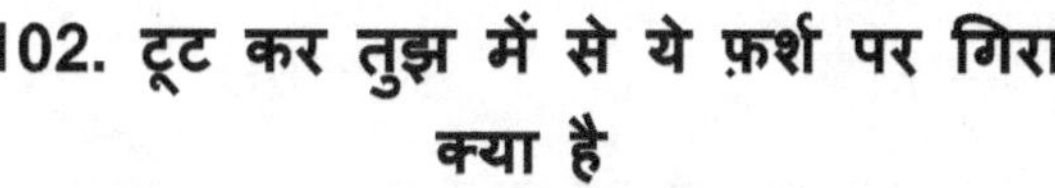

यार कुछ तो बता, हालात-ए-हाजिरा क्या है
क्या है पोशीदा तेरा और जाहिरा क्या है

सिर्फ़ मेरी ही नज़र में जो अभी आया है
टूट कर तुझमें से ये फ़र्श पर गिरा क्या है

वो जो मायूस है सौ ज़ख़्म मुझे देकर भी
जानता ही नहीं सहने की इंतिहा क्या है

ऐसे शायर अब हुकूमत के ग़ज़लकार बने
जो नहीं जानते रदीफ-ओ-क़ाफ़िया क्या है

नूर तो दोनों ही शय में सिर्फ़ ख़ुदा का है
फिर आफ़ताब के अलावा एक दीया क्या है

फ़िक्र-ए-मुस्तकबिल कोई भी हो बेमानी है
मौत को छोड़कर ज़िन्दगी में शर्तिया क्या है

खून का अब तो नसों में भी दिल नहीं लगता
ऐसा इन बजती हुई तलवारों में धरा क्या है

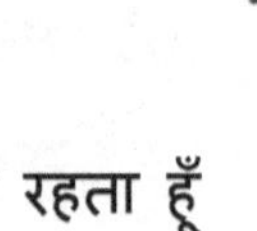

दिन भर फुकरों की तरह घूमता ही रहता हूँ
मुझको औरों की तरह काम दूसरा क्या है

एक ख़ाली जर्फ का ज्यास्ती वजन क्यों है
दिखता कुछ भी नहीं नज़रों से तो भरा क्या है

आज तक जिसने सिर्फ़ श्वेत श्याम देखा हो
क्या पता होगा उसे, लाल क्या हरा क्या है

103. क़ायम है ग़ज़ल

अपने जादू चला कागज़ पे, ज़ुबाँ से, कद्रदानों पे
मिट गए मिर्ज़ा, शकील और साहिर मिट गए,
क़ायम है ग़ज़ल

मिट गयीं राहें, मंज़िलें, मुसाफ़िर मिट गए, क़ायम है ग़ज़ल
सफ़ीने सैकड़ों, मौज़ों की ख़ातिर मिट गए, क़ायम है ग़ज़ल

कितने मसीहे, जमीं पर हुए हाज़िर,
मिट गए, क़ायम है ग़ज़ल
मिट गए कितने ही शैतान, शातिर मिट गए,
क़ायम है ग़ज़ल

कितने मजहब उगे, फूले फले, मुरझा भी गए
मंदिर मस्जिद मौलाना और काफिर मिट गए,
क़ायम है ग़ज़ल

जो बदलते रहे चलते रहे वो देर तक खबरों में रहे
वो जो बदले नहीं, रहे स्थिर, मिट गए, क़ायम है ग़ज़ल

लहू बहते रहे, रंगते रहे, धरती को, आसमानों को
मिट गयी फ़ौज, लश्कर और मुखबिर मिट गए,
क़ायम है ग़ज़ल

परिचय

लेखक भारतीय राजस्व सेवा (IRS 1993 Batch) के अधिकारी हैं एवं वर्तमान में आयुक्त (GST), गुरुग्राम के पद पर कार्यरत हैं। लेखक की शिक्षा कक्षा बारहवीं तक हिंदी माध्यम से ज़िला अलीगढ़ में हुई और तत्पश्चात उन्होंने इंजीनियरिंग की डिग्री अलीगढ़ मुस्लिम विश्वविद्यालय से प्राप्त की। लेखक IIT दिल्ली में M.Tech के छात्र रहे हैं। लेखक को उनकी असाधारण कर्तव्यनिष्ठा एवं विशिष्ट सेवाओं के लिये गणतंत्र दिवस 2014 के अवसर पर भारत के राष्ट्रपति द्वारा प्रशस्ति पत्र से सम्मानित किया जा चुका है। लेखक को सीमा शुल्क प्रशासन में उनकी विशिष्ट सेवाओं के लिये विश्व सीमा शुल्क संगठन के महासचिव द्वारा भी प्रशस्ति पत्र से सम्मानित किया जा चुका है।

लेखक का यह सातवाँ कविता संग्रह है। इससे पहले उनके छह संग्रह, 'ओट से मन दिखता है', 'मटकिया भरी नहीं', 'मिसरा मिसरा ग़ज़ल आशिकाना हुई', 'संवाद राम और कान्हा से', 'एक इन्द्रधनुष शतरंगी' तथा 'एक मंगलयान कविताओं का' प्रकाशित हो चुके हैं।

लेखक की क़रीब सौ ग़ज़लों/नज़्मों के इस खियाबां (पुष्प वाटिका) का हर फूल (नज़्म) तसव्वुर (कल्पना) की एक नई उड़ान की तरह है जिसका मुक़ाम इश्क़, विद्रोह, जंग, वेदना,

आक्रोश, ख़ुदा, दिल, समुन्दर और कायनात यानी कुछ भी हो सकता है

लेखक की क़रीब सौ ग़ज़लों/नज़्मों की हर ग़ज़ल/नज़्म जैसे तसव्वुर (कल्पना) के समुन्दर में उठने वाला एक बुलबुला है जिसकी पहचान इश्क़, विद्रोह, जंग, वेदना, आक्रोश, ख़ुदा, दिल और कायनात यानी वो कुछ भी हो सकती है जिससे हम ज़िन्दगी में रुबरु होते हैं।

दौर-ए-मर्ज़ चल रहा है अभी दुनिया में
बा वजह आप तो दो गज के फ़ासले से मिले

और कितने दिनों तक कोहनियाँ मिलाएँगे
मुद्दत हो गयीं हैं आप से गले से मिले

***

तस्वीर-ए-कायनात का रखना था एक नाम
मैंने रखा ख़ुदा का ए'जाज-ए-तसव्वुर

मैं वालिद-ए-सदहा हूँ, करता हूँ परवरिश
मेरी ग़ज़ल है मेरी औलाद-ए-तसव्वुर

***

www.ingramcontent.com/pod-product-compliance
Lightning Source LLC
LaVergne TN
LVHW101943220826
846093LV00006B/97